交际语言艺术
（第 2 版）

王惠生　著

中南大学出版社
www.csupress.com.cn

序

徐士进

关于人文素质，关于各级学校的人文素质教育，我国是在20世纪90年代才引起社会关注并提到改革日程上来的。时至今日，情况如何？问题又解决得怎样？据我观察，同时综合各方意见，客观公允的结论应当是：情况虽有改观，但问题还远没有解决。正因为此，得知老学友惠生教授有意为理工学子撰写《交际语言艺术》，我便表示十分赞同！而他于书稿杀青之时邀我作序，我则更是以担负社会责任视之，欣欣然欲一抒胸臆。

一

命笔遐思，舒卷磨墨，首先联袂映入脑际的，是我所熟悉和景仰的系列理工学界巨擘——杨振宁，钱学森，丘成桐，邹承鲁，何祚庥，杨福家，杨叔子……他们都是极为重视学人的人文文化素养的，都极力倡导营造高等学校的人文文化精神氛围。杨振宁去年在一次演讲中还把他的博学称为"东看看，西看看"，强调了人文素质对其物理学研究的重要作用；丘成桐今年6月还在浙大披沥他的心路历程，坦言"中国古典文学深深影响了我做学问的气质和修养"。他们这方面的许多真知灼见，独行异为，有振聋发聩之功，实在值得人们认真学习领会。限于篇幅，我这里只具体说说钱学森和杨叔子。

钱学森，人所共知，国宝级大师。早在1991年，国家授予他杰出科学家最高荣誉奖时，他在接受记者采访中就曾特别提及其夫人蒋英，说："她是女高音歌唱家，专门唱德国最深刻的古典歌曲，正是她的音乐艺术，及其所包含的诗情画意和对人生的深刻理解，使我丰富了对世界的认识，学会了艺术的广阔思维，使我避免了机械唯物论，想问题能更宽一点，更活一点。所以在这一点上，我要感谢我的爱人蒋英同志。"他这里说的是他得益于人文素养的亲身感受。所以，他这样的感受就格外深切，他宣扬这样的感受就格外热情而持久。2005年7月29日，温家宝总理到医院看望他，并和他讨论制定国家科技发展计划问题。临分别之时，他联系教育现状，又大声对温总理说："我还要补充一个教育问题，就是培养具有创新能力人才的问题。一个有科学创造能力的人，不但要有科学知识，还要有文化艺术修养。没有这些是不行的。小时候，我父亲就是这样对我进行教育和培养的。他让我学理科，同时又送我去学绘画和音乐。我觉得艺术上的修养对我后来的科学工作很重要，它开拓科学创新思维。现在，我要宣传这个观点。"

杨叔子，中国科学院院士，原华中科技大学校长。他是在我国高校本科实施中国语文水平达标考试的首创者。他制定并推行种种措施以加强大学生人文素质教育，在国内外产生了强烈反响。他的博士生至今必须先过《老子》关和《论语》关才能获得学位，因为他认为这是和学生摒弃浮浅浮躁，修养"甘坐冷板凳，潜心做学问"的品质紧密相关的。他四处演讲，多次说过这样的名言："一个国家，一个民族，如果没有先进的科学技术，就会一打就垮，只能痛苦地受人宰割；而如果没有人文精神、民族传统，一个国家，一个民族就会空虚异化，就会不打自垮，以至受人宰割而不知痛苦。"他还说过："人文文化是为人之本。教育首先是教如何做人，是要开发人性，要使人有灵性，有高度责任感。"这就是他比对人类发展的生态环境，尽心追求的"绿色教育"，他常引用诗圣杜甫《春夜喜雨》里的诗句来表达他的这一理念，曰："随风潜入夜，润物细无声。"

二

毋庸赘述，人文素质是不可忽视的，以钱学森、杨叔子等科学大师为代表的理工学界是有共识的。而由此联系到惠生教授的《交际语言艺术》，我以为，这本专著的出版，也正是形成"春雨"的元素！我曾和惠生教授多次相谈上述科学大师们的人文素质理念，他如数家珍，深为认同。现今他又以自己的专著实践大师们的理念，要为教育改革做一份贡献，他的劳动还不应当受到肯定和称赞吗？而且，我还想指出，在我通读了他的书稿之后，我更是进一步感到，其内容也实在称得上是"随风潜入"、"润物无声"的。

我这样说有以下三方面的理由：

第一，他的为"交际"服务的"语言"选题，就既属于人文素质的核心内容，又十分切合理工学子的实际需求。美国当代心理学家葛敦纳认为：人的智慧能力可划分为七个方面——语文能力、数理能力、空间能力、音乐能力、运动能力、社交能力、自知能力。由这一划分可以看出，其中四个方面是人文素质，所谓"交际语言"则占了两个方面。而《交际语言艺术》第一章中引用的武汉大学 2000 年某社科研究课题的调查数据称，在"本科毕业生急需加强何种能力培养"的选项问卷中，接受调查的 1000 家用人单位和 800 名毕业生，选择"交际能力和口头表达能力"一项的比率高达 95%。我是相信这一调查数据的，它绝非耸人听闻。我的教学经验告诉我，即使是研究生层次的，语言文学方面的熏陶，对于他们也绝不是锦上添花，他们中的大多数人都是很薄弱，很欠缺的。所以我在序文开篇说"人文素质教育问题还远没有解决"，主要是因为我国中小学教育困于应试、重理轻文的局面基本没有改观。无疑，这也就决定了现今高等学校学生的人文素养，包括语言文学素养，依然是先天不足，是必须着力加强和提高的。

　　第二，《交际语言艺术》的写作体例很有针对性，其表述充分考虑到了理工学子的专业特点。因此，它不是一部注重严谨完整理论体系的语言专著。它以简明的语言方法技巧为纲，阐发则主要借助丰富案例的铺陈与分析，是一部刻意追求形象化和生动性的应用型语言专著。它共分四大章：第一章《交际语言艺术教学现状》，尽管它从纯语言理论说起，要回顾的语文教学误区又众所周知，要展望交际语言教学前景还必须讨论国家政府的政策，这些都很容易滋生枯燥与乏味，可惠生教授的表述却能够做到叙议相得益彰，内容丰富充实——王力的"泼妇"论，萧伯纳的"溜冰"说，陈述民的"会说话"标准，赵忠祥出道前的三年"北海练声"，宋世雄上高中时的保留节目"学张之"，1998 年中央电视台体育直播解说节目的调查报告，2003 年全国人大副委员长许嘉璐对《演讲与口才》杂志的褒奖与勉励……第二章《历代交际语言艺术巡礼》，一一评介了春秋战国时期合纵连横、百家争鸣的景象，封建社会时期东方朔、诸葛亮、魏征等口才明星的风采，以及近现代从孙中山、黄兴到毛泽东、周恩来的演讲代表作；第三章《交际语言艺术的非语言因素》中也列举了诸多故事典故，如关涉环境因素的周朝时期的"道路以目"和文革期间的"语言奇观"，关涉心理因素的"朱元璋的穷兄弟"和"吕伯奢的大错误"，关涉势态因素的"毛主席延安机场的一挥手"和"安娜·卡列尼娜莫斯科车站的一瞥"，等等；至于第四章《交际语言艺术技巧》，其案例更是俯拾皆是，仅语法修辞技巧一节的"打油"一条，从古代的"打油"到现代的"打油"，从政治性"打油"到剥皮性"打油"、新样式"打油"和名家的"打油"，就引诗 18首，涉及人物 23 人……这不断出现于文章阐述之中的一个又一个案例，或繁或简，或远或近，或庄或谐，人们于轻松和愉悦的阅读中自然而然地领会了文章阐述的语言言语道理。

　　第三，具有鲜明案例特色的《交际语言艺术》这一案例式教材，它所阐述的道理还不止于语言言语道理，还不止于交际语言的方法和技巧。教书育人，"教育首先是教如何做人"，它还堪称是一本"人生学"教辅用书。它的许多案例，在体现语言言语知识的同时，还蕴藏着种种文明高尚的精神道德品质，或者包含有对丑陋和罪恶的挞伐，对于引导青年学生思考人生的目的、价值、意义，追求优秀的气质和风度，塑造健全的人格，也具有东风化雨般的作用，春雨润物似的功效！这样的案例，我们仅在其第四章的《逻辑思维技巧》一节中，就能举出一长串。比如，说明类比法的墨子见"染丝"而发的感慨，说明减缩法的科马内奇笑答小朋友的大问题，苏格拉底驳斥"惧内"之诬的"驯烈马"之论，拳王阿里反击"取消拳击"之议的种族歧视之说，与扩展思维相关的欧文斯相较希特勒，与思维定势相关的罗素的"$2+2=?$"，与二难推理相关的松赞干布"智娶"文成公主……这些是知名的，还有不知名的，比如，一个理发师对要刮胡子调皮男童的幽默批评，一位小学体育教师为传接实心球教学而设计的西瓜之"兴"，一名美国清洁工人打破工程权威而生发的首部室外电梯构想……我相信读者用心细读，且读且想，合卷而思，他对人生的体会体验，感触感悟，启示启发，应当会有拨云见日和更上层楼之慨。因此，我写下这一篇《序》，向理工学界的同仁们和广大的青年学生们，推荐这一本虽小却有用的书。

2006 年写于南京大学

目 录

第一章　交际语言艺术教学现状

第一节　交际语言艺术的位置与地位

什么是交际语言艺术？交际语言艺术应有怎样的位置和地位？

要回答这个问题，我们需先讨论语言学研究的分类，然后再辨析一下"交际"的含义。

一、从语言学的分类说起

什么是语言学？简言之，语言学是把语言作为研究对象的一个领域，是通过对语言现象的观察、调查、实验和分析，寻找其规律的科学。而一门科学的研究，需要从不同的角度、不同的着眼点切入进行，这就又形成了不同的分支学科类型。语言这门科学的研究也是这样的。

语言学的分类比较复杂，仅从跨涉其他学科的情况来看，就可以划分为声学语言学、计算语言学、心理语言学、逻辑语言学、文化语言学、人种语言学，等等。此外，时间范围、内部结构、研究途径、操作方式等，也都可以作为语言学分类的标准，分出众多的学科与课程。在此不一一说明。

我们这里需要突出说明的是这样两种分类：

第一，根据对研究对象的概括程度，语言研究可以分为理论语言学和应用语言学。前者，又被一些语言学家称作本体语言学或基础语言学；后者，又被一些语言学家称作实践语言学，而且有广义和狭义之分，广义的即如上所述，是指把语言学的理论应用于其他科学领域的学问，狭义的则专指包括交际语言在内的语言教学。

第二，根据语言作为人类社会一种现象存在的基本形式，语言研究可以分为口语研究和书面语研究，或曰口才学和写作学。当然，口语与书面语，口才与写作，二者关系十分密切，有些方面甚至是共通的。但它们又都具有各自不同的特点，保持着相对的独立性，在语言实践中是不能彼此替代的。因此，对于语言的这两方面的研究，我们应当同样予以足够的重视和投入。

二、交际语言艺术的特质

所谓"交际"，是人类社会最为普遍的一种社会现象，是指人们运用一定的方式与手段，传递信息，交流思想，联络感情，以求达到某种目的的社会活动。这样的社会活动，对个人、群体、乃至整个社会的发展，都具有十分重大的意义。而所谓"方式与手段"，即语言符号和非语言符号。语言符号，又分为言语和文字，或称口头和书面两种形式；非语言符号，即人体语言，包括动作、姿势、手势、表情、眼神等。显然，交际的方式与手段是多元多样的。但这里须着重指出，言语交际，即交际主体运用口头语言符号进行的交际，是人类最经常、最普遍、最重要的交际形式。

很显然，我们所说的交际语言，应当属于狭义应用语言学范畴，它是以汉语口头语言符号为主要研究对象的，形式上应当包含谈心、对话、讨论、辩论、采访、问答、讲课、演讲等。而所谓交际语言艺术，主要是指人们在这些交际实践中表现出来的能取得显著交际效果且具有创造性普遍性的口头表述的方式方法。毋庸置疑，由于交际语言本身的时时处处不可或缺性，在语言学中，关于它的研究，应当处在一个很重要的位置和地位上。

第二节　交际语言艺术教学的实际遭遇

从理论上讲，我们不难明确并摆正交际语言的位置和地位。然而，社会和生活是纷扰繁杂的，理论上的论断并不都能作用于实践，逻辑上的必然往往被视为多余和累赘。新中国建国以来，直至今日，在长达半个多世纪的岁月里，语言学研究中，汉语言教学中，交际语言艺术始终没有能够获得它应有的位置和地位，口头表达技巧始终是研究和教学大餐中的一道鸡肋！交际语言为何会有如此遭遇呢？这样的状况是怎样形成的呢？归纳起来，有两方面的原因，现分别概述并剖析如下。

一、各级升学考试的负面影响

众所周知，我国的各级升学考试，以严格残酷闻名世界，弊病甚深。而改革开放以后，"病毒"又发生了变异，分数与金钱挂钩，什么赞助、义捐、民办、联办、择校、转系、自费、委培、扩招、单招、特招、点招，花样年年翻新，名目不断巧立，动辄几万、十几万元。为了上学，为了进好学校，为了少花钱不花钱，人们必然唯考试马首是瞻，服从考试这根指挥棒的指挥。可是，无论哪级考试，语文这一科其内容都与口头表达无关。这就使得教师和学生(包括学生家长)对交际语言的学习丧失了追求，亦无积极性可言。

从小学到初中，到高中，到大学，语文教学的内容，就是阅读和写作，听、说、读、写四个要素，只剩下了两个要素。以写作为例，教师为了训练学生，可谓煞费苦心，极尽手段创新之能事，有小作、大作，有日记、周记，有缩写、扩写、改写，有命题作文、材料作文、想象作文……至于口头表达，小学一二年级的时候，有一些看图说话。而往后，则似乎问题已经解决了，书本上，教学中，都不再有口语训练的位置。在大学里，就课程而言，中文专业也鲜有开设口语课的；就教材而言，理工科通用的《大学语文》偏重于古代文学，一版再版，不厌其多的是各种公文写作。

诚然，书面语的功效是显著而卓越的，它的产生"对人类文化的发展起着极大的推动作用，它把许多文化上的创造巩固下来，流传给后人"[1]，我们理当永远重视对它的学习和研究，永远保持其强大的生命力，为人类文化的不断发展服务。问题在于，只重视书面语，一味轻视口语，甚至置口语于不顾，那就势必造成偏废，结果于口语不利，于书面语也不利。这犹如锻炼臂肌，人有两臂，应一起锻炼，倘只练右臂，不练左臂，那岂不成了畸形？

二、大众思想认识上的误区

关于这方面的原因，又可分为三小点加以剖析。

(一)不用学

"口语，不就是说话吗？这还用学？"社会上有如此认识的人很多。在他们看来，小孩都会说话，谁不会说话？有什么可学？然而，如此认识，实质上是把非哑巴、痴呆的最基本的日常生活言语交际能力，与自如应付社交、卓有成效地传达思想感情的言语交际能力混为一谈了。须知，"会说话"这个概念是很模糊的，咿咿呀呀是会说话，洋洋洒洒也是会说话，但是二者岂可混同？

对此，语言学大师王力先生曾指出："说话是最容易的事，也是最难的事。最容易，因为三岁小孩也会说话；最难，因为擅长辞令的外交家也有说错话的时候。"这以外，他还就"口若悬河"一词做过精妙的分析：

　　普通喜欢用"口若悬河"四个字来形容会说话的人，其实这是个

---

① 高名凯，王安石.《语言学概论》.中华书局1963年版，第236页

很不恰当的形容词语。泼妇骂街往往口若悬河，走江湖卖膏药的人，更能口若悬河，然而，我们并不承认他们会说话，因为我们这"会"字的标准，定得和一般人所定的不同的缘故。[①]

那么，什么是我们追求的"会说话"呢？中国社会科学院语言应用研究所陈述民研究员提出了这样的标准："现想现说，两三分钟；有条理，有中心；准确，得体，风趣。"

乍一看，围绕某事连着说两三分钟，这个标准似乎并不高。其实，不经过学习，不注重平时的练习，是很难达到这个标准的。如若不信，只要注意一下各电视台每天都有的新闻现场采访，你就会大有触动、感慨顿生了。我们曾对此做过统计调查，一般情况下，记者现场采访中的每一个问答通常大约持续二三十秒钟，但只有百分之十的人能够说顺说溜，能够比较自如地应答记者的提问。大多数人，或词不达意，或语无伦次，或答非所问。更差的，面对记者的话筒迟钝窘迫、木讷无言者，也时有所见。试想，如果问答的时间延长到两三分钟，即在六倍于通常时间情况下，那结果还能忍心看吗？

俗语云："台上一分钟，台下十年功。"这说话，与其他技能一样，要想赢得掌声也是必须"练功"的。何谓"练功"，那就是长时期地刻苦训练，练习某项技能和功夫。现今我们广播电视节目主持人职业很吃香，羡慕崇拜他们的追星族很多，其主要原因也就是他们嘴皮子功夫厉害。但即使是他们这样的专业专职人员，仍然必须坚持"练功"。因为全社会对他们的工作，特别是现场直播情况下的工作，即"现想现说"的能力与效果，认可程度并不高。据1998年中央电视台关于体育比赛转播解说的一项调查，群众的不满意率竟高达百分之八十。近年来，网上对一些体育评论解说人员的非议与嘲讽，更是沸沸扬扬，令人忧虑。这些，又都从另一个侧面告诉我们，认为说话"不用学"的观点实在是错误的。人们应当认识到，跳出思想认识上的这一误区，注重练练说话功夫，努力提高言语交际能力，实在是人类自身发展的需要。

（二）学没用

与"不用学"相对，社会上对口语还有一种"学没用"的错误观点。有此观点的人们认为，会不会说话，话说得好不好，是天生的，不会说、说不好的人，学了也没用。显然，他们是走向了另一极端，完全否定了言语交际能力后天学习的必要性与重要性。

实际上，比较起其他学科，语言的实践性是最强的，口语的后天学习绝

[①]　王力.《龙虫并雕斋琐语》.中国社会科学出版社，1982年版，第58页

对必要而且重要。英国著名作家萧伯纳就是一位演说家，一次，当有人问他的演说才能的来由时，他就曾回答说："我是用自己学会溜冰的方法来做的——我固执地一个劲儿地让自己出丑，直到我习以为常。"①据有关萧伯纳的传记介绍，萧伯纳年轻时是个很胆怯的人，连有事敲别人家的门都不敢。他为此感到痛苦和羞耻，决心克服自己的弱点。他于是加入了一个辩论学会，伦敦一有公众讨论的活动，他都积极参加，锻炼自己。后来，他全身心投入社会主义运动，四出讲演宣传，终于成为了 20 世纪上半叶世界公认的最出色的革命演说家之一。

　　上面是一个外国人的例子，时间上也远了些。下面再举两个中国人的例子，而且都曾是我国广电媒体的明星——赵忠祥和宋世雄。赵忠祥在他的《岁月随想》中有一段描述，是写他和沈力、大渝一起，坚持三年，天天清晨到北海公园向中国歌剧院王嘉祥先生学习发声，进行声音训练的：

　　　　练功，不但锻炼人的机能，也磨炼人的意志。冬练三九，夏练三伏，寒暑不辍，这并不是一件容易事。我们不论头天晚上播后会开到几点，睡得多么晚，第二天 5 点以前就得起床，我和大渝约好在车站见，乘第一班车，在北海公园大门没开之前就等在那里。这三年风雨无阻，我们是北海公园每天的第一批游客，下雨打着伞进去，下雪时，在白茫茫一片园地上留下我们足迹。现在回想起来，不得不佩服当年的劲头。北海公园的阴晴雨雪，春天的和煦明媚，桃红柳绿；夏日的浓荫遮天，荷香沁脾；秋日的蝉噪高枝，丹桂袭人；冬日的庭园寂静，风寒雪冷，都一一收入眼底，记在心头。②

　　至于宋世雄，他这方面的经历更富有戏剧色彩。他在《宋世雄自述》中回忆道，他上高中时，每逢学校大的集会，总有他的保留节目——《学张之》，台下师生听得津津有味，忍俊不禁，次次都报以热烈的掌声。然而，这成绩，这效果，绝非轻易可得，他说他曾经"数百遍地背诵张之老师的解说段落，而终于找到了吐字发音的规律，运气的方法，以及口舌活动的技巧"。

　　赵忠祥和宋世雄，他们在口语表达上的造诣之深，成就之高，是公认的。他们的经历，他们努力的过程，无疑具有充分的典范性。一个是练声"三年不辍"，一个是"数百遍地背诵"老师的解说段落，这不清楚地告诉我们，他们的造诣和成就是离不开学习的？只要肯练，连说话的"声音"都可以改变，

①　戴尔·卡耐基(美).刘津(编译)《克服人性的盲点》.海潮出版社 2001 年版，第 20 页
②　赵忠祥.《岁月随想》.上海人民出版社，1995 年版，第 23 页

怎么能说口语表达"学没用"呢？

　　（三）无损失

　　除"不用学"、"学没用"之外，社会上对口语学习持消极态度的人，另有一些是因为感到口语表达对他们的生活和工作并无影响，说话技能差一些，也没有给他们带来什么损失。难道真的"无损失"吗？

　　只要稍稍留心生活，我们就会发现，社会上，生活中，常有这样一些现象：同样是联系一项工作，有人尽管费尽口舌，结果仍空手而归，有人虽寥寥数语，却能马到成功；同样是处理某个问题，有人才说片言只语，竟会弄得双方剑拔弩张，有人从容地折冲樽俎，可使干戈化为玉帛；同样是遇到他人刁难，有人瞠目结舌，无言以对，有人嬉笑怒骂，痛快淋漓；同样是和别人谈话，有人让人觉得"话不投机半句多"，有人让人感到"他乡遇故知"一般；同样是参加聘任聘用的筛选选拔面试，有人应对窘迫、迟钝、紊乱，难以引起考官的注意，有人敏捷、潇洒、得体地作答，给人留下了深刻美好的第一印象……请想一想，在这些现象中，如果你曾做过前者，你能说你"无损失"吗？而如果你总是前者，你的损失还不大吗？

　　毋庸赘言，社会交际中言语问题会给人们带来损失，甚至严重的损失，这是不争的事实，是普遍存在的现象。放眼生活，我们就可发现，小到让同学同事老师家长不高兴，大到吹了恋爱、误了前途、砸了饭碗的，可谓比比皆是，处处可闻。只不过，对于某一个人来说，"损失"大多是孤立地、零散地出现于他人生的各个阶段和不同生活层面上，而非短期内集中、大量、反复地出现，于是在人的大脑"遗忘"特质的作用下，未引起注意和重视而已。

第三节　交际语言艺术教学的发展机遇

　　虽说交际语言至今未能在语言教学研究中获得应有的位置与地位，尤其是中小学因升学的影响情况依然如故，但应当指出，在新旧世纪交接之际，交际语言教学研究的发展机遇已经产生，特别是在普通高等院校，情况正在一步步向好的方面转化。

一、国家决策的影响

　　1999 年 6 月 13 日颁布的《中共中央国务院关于深化教育改革全面推进素质教育的决定》(以下简称《决定》)强调指出：

　　　　实施素质教育，就是全面贯彻党的教育方针，以提高国民素质为根本宗旨，以培养学生的创新精神和实践能力为重点，造就有理想、有道德、有文化、有纪律的德智体美等全面发展的社会主义建设者和接班人。

所谓"实施素质教育"，针对我国教育实际，针对"应试教育"的弊病，其核心内容应当是——加强人文素质教育。前任和现任国家领导人江泽民、朱镕基、胡锦涛、温家宝等，在《决定》颁布之后曾多次在各种场合强调过这一点，促进了系列人文科学研究工程的开拓与建设，为加强人文素质教育奠定了理论基础，指明了前进方向。

因此，这一《决定》，这一具有战略意义的举措，也给交际语言教学研究的发展带来了机遇。这是因为，语言文学，又应是"人文"的核心。"人文素质教育"，当然包含有对青少年学生交际能力和口语表达能力的提高，当然包含有交际语言艺术的教学和研究。另外还须指出，这一决定和举措，不是出自国家的文化教育部门，而是由党中央国务院直接部署，显然具有多方面的意义。它既让我们看到了问题的严重性和迫切性，又让我们感到了党和政府的决心和信心，使我们对人文素质教育的前景，对包含交际语言艺术在内的各门人文学科教学研究的未来，充满了期盼和希望。

遵循党和政府的这一战略部署，近几年来，全国普通高校注重文理交叉，突出中华传统，提倡社科人文方向的通识与选修，在全面推进素质教育方面已经取得了一些成绩，有了一个好的开端。具体到课程设置上，所有高校都增设了美学、文学、艺术、历史等方面的系列人文课程，多的如武汉大学有50余门。自然，在这样的教育改革潮流中，交际语言也就顺理成章地在部分高校的讲坛上获得了一席之地，其教学和研究也已经产生了一些成果。仅就新版再版的教材而言，有较大影响的，就有陈建民的《汉语口语》、刘焕辉的《交际语言学导论》、姚亚平的《人际关系语言学》等。以李元授教授为首的武汉大学信息传播与现代交际研究中心的专家梯队，经通力合作与辛勤著述，也编出了一套语言交际丛书，有《口才学》、《演讲学》、《辩论学》、《现代谈判学》等，受到了教育界的肯定与欢迎，为包括交际语言在内的汉语口语教育做出了突出贡献。

但是，我们又应当注意到这样两种事实：第一，比起欧美诸国，我们这方面的研究已落后许多。早在20世纪初叶，欧美就曾流行"卡耐基"热，风靡"卡耐基现象"。卡耐基（1880—1955），美国著名心理学家，人际关系学家，并被誉为"第一代成功学大师"。当时，先后由他主办的演讲口才训练班多达2000多个，在欧美产生过巨大影响。第二，事情的发展是不平衡的，且不论数以 10 万计的中小学，就只说普通高校，现今开设交际语言课程的，也还只是很少一部分。据对南京 40 所高校的调查，开设比例不足四分之一，只有 9 家。至于全国，虽缺乏详细的统计，然考虑到江苏是发达开放程度较高的省份，故认定其他地区一般不太可能高于这个比例。此外，口语教材编写方面，也还有许多不足，也还有许多工作需要去做。从数量上讲，包括上面列举的，总共就那么十余种。参照高校其他课程的情况，这显然是偏少的。从内容上讲，有的没有注意区分口语和书面语，牵强地将一些主要适用于书面表达的技巧也作为口语特色来阐述；有的过于强调语言理论的广度和深度，缺乏生动的个案实例，鲜有涉及历史和现实的趣味性普及性表述；有的章节划分过细，以致交叉重复太多，如将口才划分为演讲、论辩、社交、公关、求职、行业等六种。所以，汲取各家之长，摒弃各家之短，编写出版更多的既利于普及又不失规范的口语教材，理当是交际语言课程教学研究中的应有之举。

总之，我们在这方面应当有紧迫感和使命感。我们应当认识到，继续抓住党和政府号召全面推进素质教育的契机，进一步强化人文社科教学和研究，进一步为获得交际语言在语言教学研究中应有的位置和地位而努力，仍然是当今教育界，特别是广大语文专职教师和语文工作者的重要任务。我们还应当认识到，全面推进素质教育，是不可能一蹴而就的，它需要一个较长时期的努力过程。据 2006 年 7 月中共中央党校《学习时报》第 345 期报道，国家教育部部长周济接受记者采访，在坦陈"应试教育愈演愈烈，全面推进素质教育面临很大困难"时，还强调指出，全社会要"坚定信心，坚持不懈地做下去。"同样，繁荣汉语口语教学，发展交际语言研究，也只能是一个渐进的过程，它也需要我们持之以恒地努力下去！

二、社会发展的需要

所谓交际语言教学研究的发展机遇，还表现在社会发展的需要这个层面上。据报道，武汉大学社会发展研究所 2000 年度有一立项课题，名为"社会究竟需要什么人才"，其调研对象涉及 1000 多家用人单位和 800 余名毕业校友，结果在问卷列出的"对学生能力的培养建议" 10 个选项中，"交际能力与口语表达能力"一项赫然位居前列！

这一调研结果，不禁使我们联想起全国人大常委会副委员长、国家语言文字委员会主任许嘉璐所称赞的《演讲与口才》现象，同时也引起了我们深层次的关于语言功能和语言发展变化及其原因的思索。

（一）《演讲与口才》现象

《演讲与口才》是一本非同寻常的杂志。她创刊于 1983 年，借贷 5000 元起家，始发 10000 册，可伴随着改革开放的滚滚浪潮，至 20 世纪末，固定资产已达数千万元，发行量则突破了百万大关。这一现象充分说明，国家全面推进素质教育是适合现代社会发展趋势的，中国社会的肌体需要注入人文社科的新鲜血液，"演讲与口才"有着广泛的社会发展市场需求。全国人民代表大会副委员长，国家语言文字委员会主任许嘉璐先生对这一现象给予了高度的评价。1983 年《演讲与口才》创办之初，他在北京接见该杂志主编、吉林师范学院邵守义教授时，就称赞道："你办了一件功德无量的事。提倡演讲，培养口才，实际上是提高我们民族的思维能力和素质，把我们青年一代培养得更聪明。"2003 年 11 月，他视察吉林，又一次接见了邵守义教授，并热情鼓励说："你们干得好！我还是那样认为，口才不单单是口才问题，口才实际上是人的整体素质的外化。所以，培养人们的口才，就是提高人们的素质，希望你们继续努力！"

（二）汉语口语的发展前景

宇宙是不断运动变化着的。人类社会是不断运动变化着的。语言的发展变化，就是指语言随着社会发展的需要出现的新现象代替旧现象的变化。这样的变化，既有其过程速度缓慢渐进的一面，又有其成因结果纷繁多样的一面。在人类历史的发展长河中，在语言外部和内部原因共同作用下，有许多语言随着使用它们的群体的消亡而消亡了，有少数语言随着使用它们的民族的强盛而走向了世界，有些语言虽以口头语言形式代代相传却至今没有文字，有些语言虽有书面文字形式却几乎已无人能读会说了，有些语言虽历经人世沧桑却依然生机勃勃，更奇者还有在实际上消亡了千年之后又能奇迹般获得新生的语言。

总之，语言既能全面地反映人类的历史文化，又能深刻地反映一个民族的兴衰。而反过来，它的发展变化也关系到人类历史文化的面貌和影响到一个民族兴衰的历程。因此，注重研究语言和社会的相互密切关系，努力把握社会对语言的作用与要求，是十分必要的。

那么，当今社会这方面的情况如何呢？对于当今社会，人们为强调其发展特点，用得最多的有两个词，一曰"信息时代"，二曰"知识经济时代"。这样的时代，社会组织规模日益扩大，大众传播媒介日益发达，社会信息数量增大，信息流转速度加快，社会成员间的交际愈趋频繁、多元和复杂。而反映到交际工具上，其特点又具体表现为，除了高新技术中产生的多媒体和网络等形式外，口语交际的需求大量增加，越来越多的书面交际让位于口头交际，口语表达的地位更高更重要了。我们应当看到，随着社会的现代化发展，随着记录与传播口语的技术的完善与普及，口语表达的功用将空前广泛而重要。可以想象，在卫星传送与移动电话普及，可视与保存技术为公众普遍使用的社会里，诸如信息传递、感情联络、文化交流、技术推广、贸易互惠等等，这些交际过程中的大多数书面表达形式都将逐步为口头表达形式所取代。这也就是说，社会的发展，时代的进步，要求我们必须掌握好口语艺术技巧，提高口头表达能力，必须为此加强口语的学习、训练和研究。

第二章　历代交际语言艺术巡礼

第一节　远古的辉煌

　　第一章的第三部分，我们说到了交际语言的现实遭遇，指出它是我国当代汉语言教学研究大餐中的一道鸡肋，始终未能获得应有的位置和地位。但是，在汉语言发展历史上，在我国古代，特别是远古时期，人们是很重视交际语言艺术的。汉语口语的技巧，即口才学，曾盛行于世，闪现出耀眼的光芒。

一、孔子的"言"

　　交际语言的历史，根据现存文字记载，可追溯到《尚书》中所记的公元前21世纪的《甘誓》，还有晚些时候的公元前13世纪的《盘庚》。此二者都是演说词，一个是夏朝国君姒启与有扈氏为争天下大战于"甘"时的誓师演说，一个是商王子盘庚为迁都至殷三次说明理由的演说。但此二者原文较为艰涩，今人理解上多有困难，故从略介绍。我们这里先具体说一说孔子的"言"。

　　众所周知，春秋人孔子被后世尊为"圣人"。他曾游说列国，四处宣讲自己的政治主张，后来又回归故里，聚徒讲学，始终没离开过一个"言"字。他的一部彪炳千古的《论语》，亦并非"书"，而是"言"，是他的弟子们记下的他课内课外说过的话。

　　"学而时习之，不亦说乎"，"三人行，必有我师焉"，"岁寒，然后知松柏之后凋也"……孔子说的这些话，富有哲理，言简意赅，至今仍被世人奉为人生信条，堪称交际语言最高境界之圭臬。又如，孔子弟子端木赐见他有道不仕，便故意设问："有美玉于斯，韫椟而藏诸？求善贾而沽诸？"他说："沽之哉，沽之哉，我待贾者也！"这对话不仅简练含蓄，耐人寻味，而且还表现了他们师生间的亲切和关爱。《论语·述而》云："子所雅言，《诗》、《书》、执《礼》，皆雅言也。"其中的"雅言"，乃当时合乎规范的语言，即今天我们所说的普通话，共同语。孔子还把教学内容分为德行、政事、文学和言语四科，而这"言语"不就是为交际而开设的口才训练课吗？

以上所述已足以说明，孔子十分重视口头表达，他是把口才看得很重要的。但为了更具说服力，我们这里不妨再引用几句《论语》中孔子直接具体地肯定口才功用的话："夫辞者，乃所以尊君重身、安国全性者也。故辞不可不修，说不可不善"；"出言陈辞，身之得失，国之安危也"；"一言可以兴邦，一言可以丧邦"……孔子把言语和个人、国家的命运联系在一起，认为言语的好坏直接关乎国家的兴亡与个人的安危，这能不重要吗？

二、孟子的"辩"

战国人孟子是孔子的继承者。他不仅继承了孔子的儒家思想学说，而且还继承了孔子娴于辞令的风采。不过，他俩各具特色，相对于孔子博大精深的"言"，孟子更擅长"辩"，是一位杰出的雄辩家。《孟子》中记载了不少他或生动或严密说服对方的故事，充分展示了他的不同凡响的劝谏语言艺术。

请看《孟子·梁惠王下》中的一段对话：

> 孟子谓齐宣王曰："王之臣有托其妻子于其友而之楚游者，比其反也，则冻馁其妻子，则如之何？"
>
> 王曰："弃之。"
>
> 曰："士师不能治士，则如之何？"
>
> 王曰："已之。"
>
> 曰："四境之内不治，则如之何？"
>
> 王顾左右而言他。

从"之楚游者"之友说到"士师"，原来都是铺垫，是为了说到齐宣王的头上。齐宣王没有思想准备，结果只能以乱打岔来回避孟子，但内心是诚服的。孟子的劝谏，旁敲侧击，由此及彼，取得了良好的效果。

与此次比较起来，齐宣王另一次受孟子的教育更深。反映其事的《齐桓晋文之事章》，是《孟子》七篇中记载的一段最长的对话。当中精彩之处，累世传播赞叹不衰，影响亦远胜于上述"王顾左右而言他"之典。

（一）以羊易牛

> 臣闻之胡龁曰：王坐于堂上，有牵牛而过堂下者，王见之，曰："牛何之？"对曰："将以衅钟。"王曰："舍之，吾不忍其觳觫，无罪而就死地。"对曰："然则废衅钟与？"曰："何可废也，以羊易之。"

孟子参与这次对话的目的和中心，是要宣扬王道思想，说服齐宣王施行仁政，通过"保民"来统一天下。而要这样，让齐宣王明白自己有"保民"的思想基础，就显得十分必要且重要了。孟子在对话开始就提及"以羊易牛"这件事，正是为了抓住齐宣王说过的"吾不忍其觳觫"这句话，采用"求同"战术，把对方引入彀中，并进而指出其"不忍之心"正是"保民"爱民的根本。孟子这样的因势利导是十分睿智的表现，因为在交际中善于发掘对方的长处是赢得对方欢心，缩短彼此距离的最为有效的方法。

（二）是不为也，非不能也

> 挟泰山以超北海，语人曰："我不能。"是诚不能也。为长者折枝，语人曰："我不能。"是不为也，非不能也。故王之不王，非挟泰山以超北海之类也；王之不王，是折枝之类也。老吾老，以及人之老；幼吾幼，以及人之幼，天下可运于掌。

这番话是孟子在这次对话中回答齐宣王"不为者不能者之形何以异"的问题的。须知，该问题要想正面从理论上回答很困难。但经孟子巧加比喻，以"挟泰山以超北海"对照"为长者折枝"，一下子就把"不为"与"不能"的区别端在了齐宣王的面前。而结尾的"天下可运于掌"，也是比喻，比喻"懂得推恩，天下就很容易治理"，真正称得上形象鲜明之至！

三、百家争鸣的景象

春秋战国时期，社会从奴隶制向封建制急剧变化。与此相对应，思想文化领域非常活跃，出现了"九流互作、百家争鸣"的繁荣景象。儒家之外，还有道家、墨家、法家、兵家、名家、农家和纵横家等多种流派；孔子孟子之外，还有老子、庄子、墨子、荀子、孙子、惠子、韩非子、公孙龙子等。据有关史料记载，当时的诸侯如魏文侯、齐威王、齐宣王、燕昭王等，无不礼贤下士，广招天下英才。而世称"四公子"的孟尝君、信陵君、平原君和春申君，以及秦丞相吕不韦等，门下食客也都号称三千。其中，谋臣策士，以说为业者云集。而说及谋臣策士，人们马上会想到的，则大都可能是一部杰作——《战国策》中的两个人物——苏秦和张仪。

（一）苏秦的"刺股"与张仪的"舌在"

"刺股"与"舌在"是两个典故，分别表现了"为从约长，并相六国"的苏秦和"两度相秦，助秦称王"的张仪以说为业的不懈追求。

据《战国策·秦策一》载，苏秦曾"说秦王书十上而说不行"，以致"形容枯槁，面目犁黑"，而"归至家，妻不下纴，嫂不为炊，父母不与言。"苏秦显然遭到了沉重的打击，但他并没有退却，而是"乃夜发书，陈箧数十，伏而诵之"，每每"读书欲睡，引锥自刺其股，血流至踵"。结果，从"见说赵王于华屋之下"始，终至大获成功——"当此之时，天下之大，万民之众，王侯之威，谋臣之权,皆欲出苏秦之策。"他家里人对他的态度亦为之大变,等到他"将说楚王,路过洛阳"时,"父母闻之,清宫除道,张乐设饮,郊迎三十里。妻侧目而视,倾身而听。嫂蛇行匍伏,四拜自跪而谢。"所以如此,用他嫂子的话来说,那就是"以季子之位尊而多金。"

《史记·张仪列传》载:

> 张仪已学而游说诸侯。尝从楚相饮,已而楚相亡璧,门下意张仪,曰:"仪贫无行,必此盗相君之璧。"共执张仪,掠笞数百,不服,释之。其妻曰:"子毋读书游说,安得此辱乎?"张仪谓其妻:"视吾舌尚在不?"其妻笑曰:"舌在也。"仪曰:"足矣。"

从这两个典故可以看出:当时,口才学无疑是一门显学。口才的问题,关乎当时知识阶层的身价性命,并成为全社会价值观念的集中取向。人们追求口才,崇尚口才,趋之若鹜,苏秦和张仪则是其中杰出的代表人物。诚然,他们这些人物成分极其复杂,或仗义执言,或朝秦暮楚,或排难解纷无所取,或搬弄是非重名利,但有一点是共同的,即无不以纵横捭阖为能事,个个都是游说雄辩的好手。他们放言无忌,左右权贵,恣肆庙堂,历史的画卷因为他们的出现,增添了一幅幅光芒四射、激动人心的画面。

(二)《战国策》与其他典籍选粹

这些光芒四射、激动人心的画面,散见于诸子百家的各种典籍之中。而西汉刘向编订的《战国策》,则堪称集大成者。下面我们就精选几例加以赏析。

1.墨子救宋

> 墨子见楚王曰:"今有人于此,舍其文轩,邻有敝舆而欲窃之;舍其锦绣,邻有短褐而欲窃之;舍其梁肉,邻有糠糟而欲窃之。此为何若人?"王曰:"必为有窃疾矣!"墨子曰:"荆之地方五千里,宋之地方五百里,此犹文轩之与敝舆也。荆有云梦,犀兕麋鹿满之,江汉鱼鳖鼋鼍为天下饶,宋所谓无雉兔鲋鱼者也,此犹梁肉与糠糟也。荆有长松、文梓、楩、楠、豫章,宋无长木,此犹锦绣之与短褐也。臣以王吏之攻宋,为与此同类也。"王曰:"善哉!请无攻宋。"

这是《战国策·宋策》"公输般为楚设机"篇里的一段对话。楚惠王要攻宋,特聘请了公输般制造云梯等,墨子为消弭战祸分别面见二人加以劝阻。然而,拜见楚王时,与见公输般一样,他也并不直奔主题,并不急于从正面说明来意,而是另外讲起了有人"舍文轩,窃敝舆;舍锦绣,窃短褐;舍梁肉,窃糠糟"的故事。但紧接着,他就把楚王自己得出的结论——"有窃疾",与

"楚之攻宋"联系了起来，使得楚王只好说："善哉！请无攻宋。"这样的欲擒故纵，类比推理，用对方自己说的话来约束他，实在称得上是高超的谈判技巧。此外，墨子在联系楚国时，还不厌其烦地历数楚国的富有，在楚国的地大物博上做文章，也是别有深意的，他是想通过提及对方一向引以为自豪的事物，为对话制造良好的气氛，让对方不好意思马上翻脸。

2. 布衣之怒

> 秦王怫然怒，谓唐雎曰："公尝闻天子之怒乎？"唐雎对曰："臣未尝闻也。"秦王曰："天子之怒，伏尸百万，流血千里。"唐雎曰："大王尝闻布衣之怒乎？"秦王曰："布衣之怒，亦免冠徒跣，以头抢地耳！"唐雎曰："此庸夫之怒也，非士之怒也。夫专诸之刺王僚也，彗星袭月；聂政之刺韩傀也，白虹贯日；要离之刺庆忌也，苍鹰击于殿上。此三子者，皆布衣之士也，怀怒未发，休祲降于天，与臣而将四矣。若士必怒，伏尸二人，流血五步，天下缟素，今日是也！"挺剑而起。

安陵国是个弹丸小国，方圆不过 50 里。秦在灭韩、魏之后，认为对安陵无须采用战争方式豪夺，而想用欺诈方式骗取，于是，秦王派人赴安陵，提出用方圆五百里的地方换安陵，但遭到了安陵君的拒绝。事后，安陵君心里终究不踏实，便又派唐雎出使秦国，企图通过外交途径解决问题。读过《战国策·魏策四》"秦王使人谓安陵君"篇的人，都会被唐雎此行所表现出的忠肝义胆、凛然正气所感动。然而，他这样的宁死不屈的精神和气概，不正是在对秦王的应答之中表现出来的吗？离得开他那非凡的口才吗？不妨做一设想：唐雎走上去就摆出拼命的架势，以凶器挟持那秦王，结果如本篇所述一样，秦王长跪求饶，或者他事败被杀，那效果又会怎样呢？无疑，壮则壮哉，悲则悲矣，但决不会像现在这样激动人心。是沉稳、铿锵、犀利的言语，才使得唐雎的"布衣之怒"能够这样地惊天地、泣鬼神！

3. 不死之药

> 有献不死之药于荆王者，谒者操以入。中射之士问曰："可食乎？"曰："可。"因夺而食之。王怒，使人杀中射之士。中射之士使人说王曰："臣问谒者，谒者曰可食，臣故食之。是臣无罪，而罪在谒者也。且客献不死之药，臣食之，而王杀臣，是死药也。王杀无罪之臣，而明人之欺王。"王乃不杀。

本篇选自《战国策·楚策四》。关于它的评析，历史上人们大都着眼于褒贬一些帝王的长生不老之想，认为王宫卫士的行为无情嘲弄了楚王的昏庸和愚昧。我们认同这样的观点，但同时又感到，应该还可以从"尚辩"的角度再发掘发掘。

应当指出，卫士之辩实乃"狡辩"，完全属于强词夺理。从逻辑上看，他是在偷换概念。因为"可食"的含义是模糊的，可以是"同意你吃下肚去"，也可以只是说明"能够食用"而非有毒有害之物。不用想，传达官的回答肯定是指后者，因为他绝不可能同意一个卫士吃下送给国王的东西。照理说，这样的荒谬逻辑，楚王以及传令官和其他臣子应能识破。但卫士却利用这一模糊概念，既吃了药，又逃避了惩罚，原因何在呢？

我们认为，是"尚辩"的社会风气和卫士本人的"辩才"救了他一条命。具体地说，那卫士的逻辑虽荒谬，但模糊的"可食"具有较大的迷惑性。下文的"死药"玩的是同样的把戏，"不死之药"的"不死"，是指"身体不害病，能长生不老"，是不包括"刀枪不入"的。这样的偷换概念，人们于仓促之中不易马上看清，让其狡辩一时得逞，是完全有可能的。再者，当时论辩之风已成为社会时尚，人们崇尚辩士，以善辩为荣，那卫士因"诡辩"在如此环境和氛围中获得宽宥也应是情理中的事。

4.晏子使楚

使狗国者，从狗门入；今臣使楚，不当从此门入。

齐命使，各有所主。其贤者使使贤主，不肖者使使不肖主。婴最不肖，故直使楚矣。

婴闻之，橘生淮南则为橘，生于淮北则为枳，叶徒相似，其实味不同。所以然者何？水土异也。今民生长于齐不盗，入楚则盗，得无楚之水土使民善盗耶？

春秋时齐国的《晏子春秋》里，记叙了一则晏子出访楚国不辱使命的故事。这是一则很著名的故事。以上所引，是晏子出访中应对楚人和楚王的精彩纷呈的三段答辞。

当时，齐楚两国之间的态势是，齐国国力日渐衰退，但作为一个大国，雄风犹存，而楚国则国力日强，骄横日甚，处处恃强凌弱。所以，此次晏子出访楚国，人还未入城，楚国就已经拟定了侮辱晏子的计划。计划分三步：一是戏弄晏子长得矮小，故意在大门边建如狗洞般的小门让他钻；二是嘲笑晏子不配为使，暗讽齐国没有人才；三是伪称齐国人为盗，诬蔑齐国人都"善盗"。显然，这样的贬损与侮辱，决不仅是冲着晏子个人的，而是将矛头直指齐国，企图在齐楚争霸中占尽先机，威慑对方。

应当说，为了维护个人和国家的尊严，晏子如还以白眼，拒绝入门，愤然而返，也不失为可行对策之一。但那样出访的任务就完不成了，作为一个外交使者也就无风光可言了。面对楚人楚王的挑衅，晏子没有退却，没有选择简单的拒绝，而是针锋相对，巧施辩词，三次驳倒对方。其一，"使狗国者，从狗门入"。这当中隐含着一个逻辑三段论："狗国才有狗门，你让我从狗门入，你就是狗国"。不费吹灰之力，就把拟狗之辱还给了楚人。其二，"贤者使使贤主，不肖者使使不肖主。晏最不肖，故直使楚矣。"接过楚王"齐无人"的讥笑，以退为进，姑且承认自己"不肖"，但随即话锋一转，指出按齐国规定自己便只能出使楚国，这就又把"不肖"之诬回敬给了楚王。其三，"橘生淮南则为橘，生于淮北则为枳……得无楚之水土使民善盗耶？"这是根据"化橘为枳"的故事巧妙进行的类比推理：齐人在齐不盗，入楚则盗，那不正是楚国的水土，即社会环境氛围使然？楚王只有自认倒霉。

总之，晏子的"三驳"十分有力，效果突出，充分展现了作为一个政治家，外交家的从容自若、机智灵活，逻辑严密的气度与风采。

5. 自相矛盾

楚人有鬻盾与矛者，誉之曰："吾盾之坚，莫能陷也。"又誉其矛曰："吾矛之利，于物无不陷也。"或曰："以子之矛陷子之盾，何如？"其人弗能应也。夫不可陷之盾，与无不陷之矛，不可同世而立。

《韩非子·难一》里的这则寓言非常有名。其本身的中心也很明确，那就是指出人们的思维必须遵守矛盾律。然而，关于韩非子用这则寓言驳斥了一位儒者既"圣尧"又"贤舜"的矛盾，批判了儒家无限美化圣君宣扬德化的思想，了解的人就不多了。"贤舜则去尧之明察，圣尧则去舜之德化，不可两得也。"诚如韩非子所言，尧舜各有所失，而儒家将尧舜理想化、偶像化，把他们看作是完人、超人，制造个人崇拜的迷信，这就有如那位"鬻盾与矛"的楚人一样，暴露出了逻辑上的破绽与荒谬。

需要指出，像这样借寓言剖析说明事理，用寓言批评说服别人的情况，在先秦诸子的言论中，在九派百家的争鸣中是常见的。比如，赵惠文王欲攻燕之时，一则民间流传的"鹬蚌相争"，就也曾被苏秦中用来劝说赵惠文王，结果赵惠文王因此明白了秦国会成为"渔翁"的可能，决定不攻打燕国了。再如，天才卓绝的庄子，则更是一个善以寓言援事说理的大家。《庄子》一书，"寓言十九"，其中"庖丁解牛"、"匠石运斤"、"佝偻承蜩"等，均为后世津津乐道，至今不衰。

（1）庖丁解牛

这是庄子对梁惠王阐明"养生"之道时说的一则寓言。所谓"庖丁"，即姓丁的庖人。此人解牛技艺高超，解牛时"以神遇而不以目视"，按照牛的生理结构，游刃有余，择隙而进，刺开筋肉间缝，导向骨节空处，"动刀甚微，謋然已解，如土委地"，可谓解牛之法达到了炉火纯青的地步。而表述这样的由"技"至"道"的过程，"顺应自然，物我合一"的养生之道也就不著痕迹地显现了出来。无怪乎梁惠王说："善哉！吾闻庖丁之言，得养生焉。"

（2）匠石运斤

《庄子·徐无鬼》载："郢人垩漫其鼻端，若蝇翼，使匠石斫之。匠石运斤成风，听而斫之，尽垩而鼻不伤，郢人立不失容"。庄子的这则寓言，让人听了不禁目瞪口呆，汗不敢出。你看，一郢城人粉刷墙壁时鼻子上粘上了一小块石灰，居然请一姓石的匠人用斧子削去。而那"匠石"居然答应了，并下斧如风一般，那"郢人"又居然能镇静自若、纹丝不动地站着。这实在太难得了，人们由此不能不感叹："知音难遇！"

（3）佝偻承蜩

《庄子·达生》里的这则寓言，说的是孔子和一残疾老者的故事。那位老者是个驼背，可他在林子里用竹竿黏蝉，就像从地上拾东西一样容易。孔子问他是否有"道"，他回答有，并说他每年五六月间练习"累丸"，直练得黏蝉时身子像竖着的断木头，手臂像枯树的枝子，忘记了天地万物，心中只有蝉的翅膀，所以蝉没有能飞跑的。孔子听后，不禁环顾身边的弟子，赞叹道："用志不分，乃凝于神，其佝偻丈人之谓乎！"而庄子就这样寓教于乐，让人们在欣赏残疾老者的绝技之时，又自然悟得专心致志乃成就一番事业的根本。

6. 触龙说赵太后

左师公曰："今三世以前，至于赵之为赵，赵主之子孙侯者，其继有在者乎？"曰："无有"曰："微独赵，诸侯有在者乎？"曰："老妇不闻也。""此其近者祸及身，远者及其子孙。岂人主之子孙则必不善哉？位尊而无功，奉厚而无劳，而挟重器多也。今媪尊长安君之位，而封之以膏腴之地，多予之重器，而不及今令其有功于国。一旦山陵崩，长安君何以自托于赵？老臣以媪为长安君计短也，故以为其爱不若燕后。"太后曰："诺，恣君之所使之。"

《触龙说赵太后》，出于《赵策四》，是《战国策》中记叙谋臣巧谏成功的最佳篇章之一。以上所引，是身为执政官的触龙于劝谏中同赵太后对话的最后一部分，其所以能千载传诵，历久不衰，不仅在于它蕴含的发人深省的思想启迪，而且在于它之前水到渠成般的富有艺术魅力的劝谏过程。

赵孝成王元年（公元前 265 年），赵国幼主初立，太后摄政，政局飘摇，强秦乘机进攻赵国。赵求救于齐，齐国提出要以太后爱子长安君为人质的条件。但太后因溺爱长安君而不允，虽经"大臣强谏"，仍拒不接受，并发狠道："有复言令长安君为质者，老妇必唾其面。"

就在这样的僵局气氛下，面对一触即发的情势，触龙要求谒见赵太后，"太后盛气而揖之"。触龙深知，此时说任何大道理都将碰一鼻子灰，结果只能是自取其辱，被"唾"而已。于是，触龙不慌不忙，娓娓而谈，似漫不经心，实心存算计，分三步征服了赵太后。

首先，第一步，绝口不提"为人质"一事，而恭敬亲切地说明自己的谒见目的，称自己因有足疾，久未进宫，担心太后玉体是否安康，接着问起居，再问饮食，又谈养身之道。如此细致入微的体贴关怀，终于消除了太后的敌对情绪，"太后之色少解"，紧张的气氛缓和了。

于是，进入第二步。触龙仍然不讲长安君为人质事，却故意与太后说起自家的事，称自己十分怜爱幼子舒祺，欲冒死求太后给他的幼子在宫中安排一个卫士职位，这样自己死后才能瞑目，否则放心不下。这一番话，说得极富有人情味，让也正在为幼子（长安君）犯愁的赵太后觉得遇上了知音，来了兴趣和兴致，不禁问道："丈夫亦爱怜其少子乎？"触龙深知已触动太后心事，达到了预期效果，故立即反激道："甚于妇人。"此话说出，更是引得"太后笑曰"："妇人异甚"。赵太后终于由"盛气"到"色少解"，再到高兴地"笑曰"了。这就为对话创造出更为融洽的氛围，也就为把对话顺理成章地引入"如何爱子"的话题奠定了基础，做好了准备。

触龙成功地进入了第三步。他乘势向前，因势利导，以太后希望女儿的子孙后代世世在燕国为王的事实为反衬，指出太后爱女儿"燕后"甚于"长安君"，又以本段开头所引之辞，痛陈"位尊而无功，奉厚而无劳"会导致子孙不肖，甚至给他们带来灾祸的历史现象，进行了令人心悦诚服的劝谏，使太后完全接受了"父母之爱子，则为之计深远"的观点。

须指出，触龙至终也没有直接揭穿"人质"问题，而太后最终答以"诺，恣君之所使之"，也回避了"人质"一说。如此妙不可言的结局，如此双方心照不宣地达成默契的戏剧场面，充分体现了触龙驾驭交际的超凡能力！他既解决了棘手的人质问题，又给太后留足了面子，堪称将这场交际控制在了最佳分寸和火候上。

第二节　中、近古的衰落

　　我们知道，事物的变化发展很少有直线式的。无论是在自然科学技术领域，还是在社会人文艺术领域，曲折、停顿、倒退、乃至消亡，都是事物发展变化过程中常见的现象。语言的发展变化当然也不例外。而就口头语言来说，据研究，世界上大约曾有过 5000 种，现今已经消亡的大约近 2000 种。其中，产生于公元前 11 世纪的希伯来语最为奇特，至公元 2 世纪其口语形式已逐渐湮灭，但 1000 多年后，又因犹太人在以色列重新定居而复活为一种民族的共同语言。① 至于汉语的口语，作为人类古老母语的一种，作为现今世界上使用人口最多的一种语言，它的发展变化也自有其丰富曲折的过程。在人类文明史长河中，汉语口语在闪现了远古的辉煌之后，也曾跌入漫漫的低谷，经历了长达 2000 余年的中、近古停滞衰落时期。

一、衰落的缘由

　　所谓"中、近古"，即封建社会时期，我国一般指秦以后宋以前为"中古"，由宋至清代鸦片战争则为"近古"。这也就是说，汉语口语艺术的衰落，或者说汉语口才学的衰落，是伴随着封建社会的产生而开始的。我国语言学界共同认为，春秋战国之后，新生的社会体制的影响，是"衰落"的根本性思想缘由。此外，还须指出，"纸"的发明，传播技术的变革，则为对"衰落"起推动和催化作用的物质因素。

　　（一）思想缘由

　　公元前 221 年，秦始皇一统天下，从此中国进入了封建社会。封建社会最显著最重要最顽固的特点，就是思想专制，舆论封锁，意识形态单一。如果说始皇帝的"焚书坑儒"初显了暴虐的封建思想文化桎梏的雏形，那么，到了汉代董仲舒为迎合王权独裁的需要，提出"罢黜百家，独尊儒术"，封建思想文化的统治则已形成一个完整的体系。这反映到语言言语方面，从此，所谓远古辉煌时期"九流互作，百家争鸣"的繁荣景象全面消失，自由论辩的风气一扫而尽。

　　董仲舒的新儒学体系，其核心内容即"天人感应"、"君权神授"、"三纲五常"等说。所谓"君为臣纲，父为子纲，夫为妻纲"，是封建社会人所必须

---

　　①　彭泽润 、李葆嘉.《语言理论》.中南大学出版社 2000 年版，第 43、349 页

尊奉的道德伦理信条。而且，尊奉之诚、之真、之烈，到了"君要臣死，臣不得不死；父要子亡，子不得不亡"的地步。试问，在这样的社会氛围下，臣子后辈，人民百姓，哪里还有随意发表见解的机会？而口语口才的社会舞台如此沉闷，又哪里还有其艺术传承辉煌继续发展的天地？

　　然而，在汉语口头表达受到限制，其远古辉煌艺术中辍之时，汉语的书面表达却有了长足的进步。这因为，从公元605年隋炀帝起，到1905年清光绪帝止，1300年间，中国封建社会延续实行了一种用考试来选拔人才任官的制度——科举。这一制度，是中国封建社会中后期的核心要素。它被一些西方学者视为中国的"第五大发明"，标志着中国封建政治制度的高度成就和超级稳定，对中国社会的政治、思想、文化、教育等诸多方面产生了巨大的影响。而具体到语言的学习和运用上，那就是"重写轻说"、"以写代说"的社会时尚的形成。何以如此？道理很简单，因为科举考试就考写文章，就是考能否写好以《四书》《五经》为论述内容的八股文。朝廷以文章取士，文人学子要做官，要进入仕途，就必须学会写好文章。正如有学者指出的那样：如果说在春秋战国时代是"说"而优则仕，那么封建社会则实行的是"写"而优则仕①。于是，"以写代说"便成为历史的必然。在人们的思想中，"说"与"写"颠倒了位置，"说"已尽失昔日之风光，"说"的衰落自然也就不可避免。

　　（二）物质因素

　　客观地考察汉语口头表达在封建社会停滞衰落的历史，不难发现，除了上述与社会体制、制度相关的思想缘由外，伴随社会生产力的发展而产生的以"纸"的发明为核心的物质因素，也是我们不应忽略的。

　　据考证，西汉时期已有以麻为原料的"麻纸"。至东汉，经蔡伦总结和推广，造纸技术和纸张应用获得迅速发展。到了唐宋，造纸作为一种普及性的手工业，已遍及华夏各地，纸的品种不断增多，质量不断提高，深受社会的欢迎，深得人们的喜爱。而所以如此，是因为相对于甲骨、竹简、木札、布帛，纸是最方便、最实用、最经济的。这样的物质条件，必然加速书写的发展，加速书面表达水平的提高，加速"重写轻说"、"以写代说"的社会时尚的形成。

　　不过，封建社会的"重写轻说"、"以写代说"，并不能完全扼杀口语艺术的生存与发展。所谓停滞衰落是一般性总体性的，个别与局部的闪光点依然会产生。我们应当看到，相对于书面语，作为"人类最重要的交际工具"（列

① 　欧阳友权.《口才学》，中南大学出版社，2002年版，第10页

宁语），口语更是人类社会一时一刻也不能缺少的，与人类社会生活的各个方面都有着最深刻最密切的联系。一般地说，一种民族语言的口语比书面语更有生命力，更具"全民性"，它是全民的财富，是全民所创造并为全民服务的。因此，中国封建社会的"重写轻说"和"以写代说"，在汉语言发展历史中，只能是在总体上长时期地张扬刺激了"笔头"而限制削弱了"口头"。口语的"工具性"和"全民性"，决定了汉语口语艺术在这个时期也会顽强地生存下来，艰难地有所发展。皇权独裁的威严也好，科举考试的影响也好，在这一点上都是只有望洋兴叹的。也正因为此，在2000余年漫漫封建历程中，在口语口才失却广阔发展天地、语言环境十分恶劣的悠悠岁月里，我国仍然相继产生了一些杰出的口才家、演说家和雄辩家。尽管他们远不如春秋战国时期纵横四方的争鸣百家那样群星璀璨，有人甚至用"寥若晨星"来形容他们的稀少，但他们在各自的年代也都是光芒四射的，因而也都是值得我们悉心研究和认真学习的。

二、衰落中的口才明星

那么，在中国封建社会时期里，究竟有多少能被视为衰落中的口才明星，称得上口才家、演说家和雄辩家的人物呢？这是一个很难回答的问题。因为它缺少明确的标准，我们很难给出一个具体的数字。我们这里想强调的只是，这样的人物，在封建时期的确很少。但若需举出几个实例，即使要有很高知名度的，倒也不难，如西汉时的东方朔、三国时的诸葛亮、唐代的魏征、宋代的苏轼、明代的海瑞、清代的郑燮等。

（一）东方朔

东方朔的仕途，大致的经历是这样的：汉武帝建元元年（公元前140年），"诏举贤良方正直言极谏之士"①，他应诏至长安上书，得以待诏公车，时年22岁。不久，设计恐吓侏儒得幸，待诏金马门。接着，又辩挫郭舍人，得幸为郎。建元三年，因上《谏起上林苑疏》被擢为太中大夫。但命运乖张，未几竟因小遗殿上被免为庶人，待诏宦者署。随后又被命为郎，一直到去世，历时约30年。

首先需要指出，以上东方朔仕途简介中的所谓"公车"、"金马门"、"宦者署"，虽均为汉时国家重要机构，但如只是"待诏"，那则并无实际权限，位置是很低微的。而"郎"，也只是皇帝身边不定员的随侍小臣。至于"太中大

---

① 《汉书·本传》

夫"，属谏官，地位是高了，可依然是不定员的。总之，东方朔是个小人物，像他这样的在西汉宫廷里何止百千！然而，《史记》和《汉书》里面却都有他的传，都把他大书了一笔，这实际上是视其为一代名家了。后世，民间也广泛传播其奇闻轶事，有方士甚至附会为蓬莱神仙，称其无所不知。何以如此？我们认为，这与他的"智"与"辩"是分不开的。他睿智善辩，诙谐幽默，滑稽狂放，获得了朝廷和民间的共同认可，深受史家与百姓的一致喜爱，人们要把他作为"文侠"、"智圣"，一代代传播下去。

下面分析两则东方朔且智且辩的实例：

1. 绐骇侏儒

久之，朔绐骇侏儒曰："上以若曹无益于县官，耕田力作固不及人，临众处官不能治民，从军击虏不任兵事，无益于国用，徒索衣食，今欲尽杀若曹。"侏儒大恐啼泣。朔教曰："上即过，叩头请罪。"居有顷，闻上过，侏儒皆号泣顿首。上问："何为？"对曰："东方朔言上欲尽诛臣等。"上知朔多端，召问朔："何恐侏儒为？"对曰："臣朔生亦言，死亦言。侏儒长三尺余，奉一囊粟，钱二百四十。臣朔长九尺余，亦奉一囊粟，钱二百四十。侏儒饱欲死，臣朔饥欲死。臣言可用，幸异其礼；不可用，罢之，无令但索长安米。"上大笑，因使待诏金马门，稍得亲近。[①]

东方朔建元元年应诏入京之初，并未得汉武帝亲近。怎么办？选择制造什么样的契机与由头呢？此乃问题之关键。东方朔经过认真考虑，选择了宫中的侏儒，制造了侏儒向皇上号泣顿首请命之事端。我们认为，这样的言行首先充分体现了东方朔的"智"。他深知言语交际时交际环境的重要，深知于帝王面前进言邀宠，营造创设愉悦安全氛围的重要。他匠心独运，巧下计策，取得了极大的成功。何以见得？须知，这里说的"侏儒"，是春秋战国时就有的宫中倡优。他们是以乐舞戏为业的艺人，是为统治者制造欢乐的。至汉，倡优侏儒的杂技技艺更加精湛，其中不乏为取悦人主而身怀绝技之辈。试问，在这样一群人面前，面对他们的形体与神态，其环境氛围能不轻松愉悦？可以想见，汉武帝在遭他们挡驾哭诉之时，或许会感到莫明其妙，但绝不会龙颜有变。相反，因为不知就里，倒产生了问个清楚的心理，于是也就给了东方朔机会。

东方朔自然不会放过这一个机会。当汉武帝召问他为何恐吓侏儒时，他

---

① 《汉书·本传》

先是承认自己无中生有，冒死进言，但紧接着采用对照比照的办法，将自己和侏儒放在一起，突出说明了自己怀才不遇的委屈。需要指出，他并非真的嫉妒倡优侏儒，真的对倡优侏儒的待遇感到不平衡。但是，有无这样的比较，有无侏儒对他的衬托，说话的效果，进言申诉的力度与作用是决然不同的。由此再联系到此前让侏儒大恐的那煞有介事的多方论证，其"辩"之才能才华便十分显现了。

2. 伏日取胙

> 伏日，诏赐从官肉。大官丞日晏不来。朔独拔剑割肉，谓其同官曰："伏日当早归，请受赐。"即怀肉去。大官奏之。朔入，上曰："昨赐肉，不待诏，以剑割肉而去之，何也？"朔免冠谢。上曰："先生起自责也。"朔再拜曰："朔来！朔来！受赐不待诏，何无礼也！拔剑割肉，一何壮也！割之不多，又何廉也！归遗细君，又何仁也！"上笑曰："使先生自责，乃反自誉！"复赐酒一石，肉百斤，归遗细君。①

东方朔的这一滑稽言行，可以和他的"小遗殿上"，即因酒醉在宫中殿上小便而被削职为民的事联系起来分析。从思想内容上看，它们反映了东方朔狂放不守法度的一面。然而，正如人们熟知的唐李白、宋陆游等人的狂放都与其才华相依存一样，东方朔也不只是胡乱任性为之。透过以上引文中对皇上不自责反自誉的回答，我们不难看出他极擅长制造产生幽默的不和谐因素——人们都等着他跪地求饶，他却大声说不是无礼；割多割少又本无人计较，可他非同贪污廉洁扯到一块；还有那肉拿回去怎么办，更是无人考究之事，可他竟说给了妻子，表现了他的高度仁爱。这些都实在是妙不可言的，不怪汉武帝要"复赐酒一石，肉百斤"，让他回家再送给老婆。而由此推之，《史记·滑稽列传》中所载东方朔被"数召至前谈语，人主未尝不悦也"，实为记实之词，是很中肯的。

（二）诸葛亮

诸葛亮，这也是一个传奇式人物，是一个重量级的具有多方面才能的历史人物，其知名度之高，用聂绀弩先生的话说，他同曹操、关羽一样，都是"充塞天地，深入人心，妇孺皆知，家喻户晓"的②。至于他的口才，他的论辩能力，最集中的体现当然莫过于他的誉满文苑学界，经世盛传不衰的"舌战

---

① 《汉书·本传》

② 岳麓书社.1986 年 6 月第 1 版.《三国演义》.前言第 2 页

群儒"。

所谓"舌战群儒",乃曹操继平定北方豪强,挥师南下,又连连得胜之际,诸葛亮赴江东为劝谕孙权决心抗曹,与其殿下一群力主降曹的文臣展开的一场激烈辩论。其时,就辩论的背景而言,于诸葛亮实在不利,因为他有一大软肋,即刘备的汉军刚刚吃了曹军一连串的败仗,一路奔走逃逸不脱。自己没法打,却鼓捣别人上,是何道理?照理说,诸葛亮是不可能赢得这场辩论的。但结果恰恰是他大获全胜,江东的那群文臣一个个汹汹而来,落荒而去,或满面羞惭,或低头丧气,或瞠目结舌……

诸葛亮是如何"舌战"的呢?关于这一过程的记叙,罗贯中的小说《三国演义》与陈寿的史书《三国志》记叙得详细,文字上也大大通俗化了。为了便于理解,下面选择《三国演义》第四十三回的几个精彩片段加以赏析:

1. 首驳张昭

张昭,是孙权手下的第一谋士。他自然首先发难,而且果然十分老到,上来就问诸葛亮是否曾自比管仲、乐毅,在得到肯定回答后,便大赞管、乐二人的历史功绩,并渲染国家人民对诸葛亮的济世复汉的殷殷之望,但紧接着又一一列举了刘备汉军"弃新野,走樊城,败当阳,奔夏口"等新近的系列失败,最后得出结论:"是豫州既得先生之后,反不如其初也。"同时还不忘阴险地追问一句:"管仲、乐毅,果如是乎?"

张昭的确身手不凡。老实说,就是我们今人,初看小说至此,也都会感到这问题很棘手,不好回答,要替老诸葛捏把汗。然而,诸葛亮听罢,却是哑然而笑,并洋洋洒洒地说了一大段:

> 鹏飞万里,其志岂群鸟能识哉?譬如人染沉疴,当先用糜粥以饮之,和药以服之,待其腑脏调和,形体渐安,然后用肉食以补之,猛药以治之:则病根全去,人得全世也。若不待气脉和缓,便欲投以猛药厚味,欲求安保,诚为难矣。吾主刘豫州,向日军败于汝南,寄迹刘表,兵不满千,将止关、张、赵云而已:此正如病势沉羸已极之时也。新野山僻小县,人民稀少,粮食鲜薄,豫州不过暂借以容身,岂真将坐守于此耶?夫以甲兵不完,城郭不固,军不经练,粮不继日,然而博望烧屯,白河用水,使夏侯惇及曹仁辈心惊胆裂:窃谓管仲、乐毅之用兵,亦未必过此。至于刘琮降曹,豫州实出不知;且又不忍乘乱夺同宗之基业,此真大仁大义也。当阳之败,豫州见有数十万赴义之民,扶老携幼相随,不忍弃之,日行十里,不思进取江陵,甘于同败,此亦大仁大义也。寡不敌众,胜负乃常事。

昔高皇数败于项羽，而垓下一战成功，此非韩信之良谋乎？夫信久
事高皇，未尝累胜。盖国家大计，社稷安危，是有主谋。非比夸辩
之徒，虚誉欺人：坐议立谈，无人可及；临机应变，百无一能。诚为
天下笑耳！"

诸葛亮的这段辩词，主要可分为三个层次。其一，他用了个人染沉疴的
比喻。该比喻十分精当，作用有两个方面，既形象指出自己是临危受命，又
生动说明了需待以时日、忌操之过急的道理。你看，"兵不满千，将止关、
张、赵云而已"，又怎么急得起来呢？操之过急，贸然行动，是会适得其反
的。其二，他条分缕析地陈述了新近汉军系列失败的原因，有的是那地方本
来就要放弃，有的是同盟突然反戈投降，有的是己方的大仁大义所致。你
看，这还有什么可指责的呢？况且，战略转移之中，凭借极差的战备条件，
还不断有"火烧"、"水淹"曹军的战绩，岂不"管仲、乐毅之用兵，未必过
此？"其三，他引举汉高祖曾数败于项羽的史实，论证了"胜负乃兵家常事"的
观点，同时指出，国家社稷之安危，是离不开国之主谋之人的。你看，"垓下
一战成功，此非韩信之良策乎？"其言下之意是：韩信能做到的，我自然也能
做到。真乃字里行间洋溢着英雄豪迈之气！张昭面对这般的英雄豪迈，在这
样的有理有据、有声有色的比喻、陈述、引举之下，自然被驳得理屈词穷，并
无一言回答。

2. 苏秦、张仪之辩

座间又一人问曰："孔明欲效仪、秦之舌，游说东吴耶？"孔明
视之，乃步骘也。孔明曰："步子山以苏秦、张仪为辩士，不知苏
秦、张仪亦豪杰也。苏秦佩六国相印，张仪两次相秦，皆有匡扶人
国之谋，非比畏强凌弱，惧刀避剑之人也。君等闻曹操虚发诈伪之
词，便畏惧请降，敢笑苏秦、张仪乎？"步骘默然无语。

步骘的问话，表面上是问诸葛亮是否想仿效苏秦、张仪，来东吴游说，
但骨子里是轻视诸葛亮，取笑他只是个摇唇鼓舌之辈，善于拨弄是非罢了。
诸葛亮敏锐地把握住了这一交际中的潜台词，并且同时捕捉到了对方言辞的
毛病。我们不能想象，当时一个国家级的文臣谋士，会不知苏秦、张仪位列
丞相，匡扶人国的历史。但是，情急之下，紧急之中，人们说话失诸片面与
过火，却是谁都会有的现象。而此现象如出现在辩论之中，则自然可能成为
对方对你予以致命回击的口实与把柄。诸葛亮正是抓住了这一点，不容对方
喘息，先是直刺步骘不知苏秦、张仪也是英雄豪杰，继而指明苏秦、张仪绝
非"畏强凌弱、惧刀避剑之人"可比，最后发出了"敢笑苏秦、张仪乎"的反

问。请注意，这反问实际上也是有潜台词的，那就是：敢笑我诸葛亮孔明吗？好一个以牙还牙！

3. 天数与无父无君

忽一人问曰："孔明以曹操何人也？"孔明视其人，乃薛综也。孔明答曰："曹操乃汉贼也，又何必问？"综曰："公言差矣。汉传世至今，天数将终。今曹公已有天下三分之二，人皆归心。刘豫州不识天时，强欲与争，正如以卵击石，安得不败乎？"孔明厉声曰："薛敬文安得出此无父无君之言乎！夫人生天地间，以忠孝为立身之本。公既为汉臣，则见有不臣之人，当誓共戮之：臣之道也。今曹操祖宗叨食汉禄，不思报效，反怀篡逆之心，天下之所共愤；公乃以天数归之，真无父无君之人也！不足与语，请勿复言！"薛综满面羞惭，不能对答。

读这段论辩，诸葛亮的应对给人最大的启发是：凡论辩，是需要懂得回避的。有些问题，不是一下能够说得清楚的，甚至根本就不是能够说得清楚的，倘若不懂回避，不知另辟论题，那你就会陷于被动。比如，薛综的"天数将终"就是个说不清楚的问题。所谓"天数"，是看不见摸不着的，假若宥于此论题，争论不休，他说"将终"，你说"未终"，那最好的结果也只能是双方都莫名所以，谁也驳不了谁。甚至，持"天数将终"论者还会占得上风，因为那时的汉朝的确是名存实亡，大不如前了。诸葛亮对其中的不利因素十分明了，于是他采取了回避的办法，避开这一论题，提出了"无父无君"的新论题。他不纠缠"天数"究竟有无，汉朝的天数是将终还是未终，却转而抓住封建礼教的"忠孝"核心不放，给对方的言语上纲上线，痛析其"无父无君"的严重性。薛综猝不及防，也就只有"满面羞惭，不能对答"的份了。

（三）魏征

魏征，是唐贞观年间的丞相。从唐太宗即位，被擢为谏议大夫起，他始终敢批逆鳞，犯颜直谏，前后面折廷争二百余事，有"谏臣"之称。所谓"兼听则明，偏言则暗"，还有"杜悦耳之邪说，听苦口之忠言"等，都是他劝谏太宗时的名言。他去世后，太宗不胜伤感，追思不已，曾临朝对侍臣感叹说："以铜为镜，可以正衣冠；以古为镜，可以知兴替；以人为镜，可以明得失。今魏征殂逝，遂亡一镜矣！"很显然，他所以成为一面镜子，就是因为"谏"。而这"谏"，是需要口才的，是离不开他卓越超凡的智辩言语能力的。

1. 因智辩得宠幸

众所周知，唐太宗李世民登基，是经过了一场惊心动魄的争斗和血腥杀戮的。此前，唐高祖李渊的长子李建成已被立为太子，是名正言顺的继承人，但身为二子的李世民，却因屡建战功，威名日盛而虎视帝位。于是，深感不安的李建成与四弟李元吉结成联盟，密谋策划，欲置李世民于死地。英武精明的李世民对此自然洞若观火，便亦培植亲信，拉帮结派，并在感觉危险迫近之际，当机立断，先发制人，策动著名的"玄武门之变"，射杀了正要入朝的李建成和李元吉。其间，身为太子洗马的魏征，义无反顾地站在了李建成的一边。兵变之后，魏征很快受到李世民的召见，旁人都为他担心，但他却十分坦然，满不介意。当李世民声色俱厉地威胁斥责他，问他"尔阅吾兄弟，奈何"时，他不但不跪地求饶，反而针锋相对地答以"太子早从征言，不死今日之祸"[1]，并且，还引用了春秋时管仲射中小白带钩的典故，反问李世民："人各为其主，何错之有？"

"小白"，乃春秋五霸之一齐桓公之名。管仲，齐国上卿，是齐桓公成就首霸之业，"九合诸侯，一匡天下"的最重要的谋臣。然而，小白为公子时，曾与公子纠争位，当时管仲事纠，为阻止小白夺位，欲用箭射杀小白。但箭为小白所着带钩阻挡，小白佯死，骗过纠与管仲，而后抢先即位。即位后，小白听从大夫鲍叔牙的举荐，不计一箭之仇，聘任重用了管仲，授以改革图霸之权柄。读书至此，看到魏征引用这一典故，我们不禁要为他这里的应答击节称好。如果说，他开始时不避锋芒，不惧权威，言常人所不敢言，已经取得了出奇制胜的交际效果，那么，紧接着的以管仲射中小白带钩之典引出的反问，则更是奇上加奇、胜之更胜了。须知，这里实际上运用了隐喻和双关的手法。硬邦邦、铁铮铮的反问之中，蕴含着深长的意味。面对这反问，对方会感到，实质上是在问他：有无春秋首霸齐桓公一样的胸怀？是在暗示他：你能有小白的气度，你也会有你的管仲；是在激励他：你是可以一统天下，成为唐朝的霸主的。李世民正是在这样的反问下，在这样的暗示和激励中，倍感心情舒畅，志满意得，同时认定了魏征的价值，而魏征则从此受到了李世民的宠幸。

2. 劝太宗坚持纳谏

《新唐书·列传第二十二·魏征》载：

> 帝宴群臣积翠地，酣乐赋诗。征赋西汉，其卒章曰："终藉叔孙礼，方知皇帝尊。"帝曰："征言未尝不约我以礼。"它曰，从容问曰："比政治若何？"征见久承平，帝意有所忽，因对曰："陛下贞观之

---

① 《新唐书·列传第二十二·魏征》

初，导人使谏。三年以后，见谏者悦而从之。比一二年，勉强受谏，而终不平也。"帝惊曰："公何物验之？"对曰："陛下初即位，论元律师死，孙伏伽谏以为法不当死，陛下赐以兰陵公主园，直百万。或曰：'赏太厚。'答曰：'朕即位，未有谏者，所以赏之。'此导人使谏也。后柳雄妄诉隋资，有司得，劾其伪，将论死，戴胄奏罪当徒，执之四五然后赦。谓胄曰：'弟守法如此，不畏滥罚。'此悦而从谏也。近皇甫得参上书言'修洛阳宫，劳人也；收地租，厚敛也；俗尚高髻，宫中所化也。'陛下恚曰：'是子使国不役一人，不收一租，宫人无发，乃称其意。'臣奏：'人臣上书，不激切不能起人主意，激切则近讪谤。'于时，陛下虽从臣言，赏帛罢之，意终不平。此难于受谏也。"帝曰："非公，不能道此者。人苦不自觉耳！"

以上所引，实在是一场不可多得的精彩谏争。赞其精彩，首先在于一开始那简约而鲜明的对比，在于那令人惊诧的对照。当太宗因魏征赋诗说及"礼"而问起他对国家新近的政事治理情况的意见时，魏征鉴于太宗因天下长期太平而疏于自律，便直截了当且掷地有声地甩出了太宗在纳谏问题上的三步倒退——从"导人使谏"到"悦而从谏"，又到"勉强受谏"。这一下让太宗坐不住了，或者说如坐针毡，所以急着问"公何物验之"，要魏征拿出证据来。而魏征接下来的大段应答，用事实讲话，用事实进行进一步的对比对照，更是生动晓畅，精彩纷呈，堪称极尽铺陈缕述之能事。他从贞观初年说起，到贞观八年皇甫得参上书，前后近十年的时间。虽还不能说往事如烟，但要把十年中发生的事情，在短促的对话间隙，围绕某个主题加以撷拾、剖析和生发，这显然是难能可贵的。而由此产生的说服性，则势必强而有力。同样是有人进谏，起初孙伏伽要改判元律师死罪的意见，你不但接受了，而且还赏了他价值百万的花园；后来戴胄为柳雄的死罪辩护，虽然没赏他什么，但经一再申诉你也算是愉快接受了；可现在，皇甫得参仅就修宫殿、收租过重和妇女梳高髻发表了点意见，你却受不了了，虽经我力争你勉强同意了，但心理一直不舒服，不痛快。试问，你这还不是"勉强受谏"、"难于受谏"吗？

面对魏征如此淋漓罗列的事实证据，太宗自然只有认账，悔不当初，感叹"人苦不自觉耳！"同时，他还不忘称赞魏征，说"非公，不能道此者。"是的，在太宗时代，贞观年间，像魏征这样既忠心报国，又娴于辞令，以致能常常左右太宗者，还真难找出第二个来。太宗自己就还曾说过，他登基前后，有两个人对他最重要，前为房玄龄，后即魏征。将太宗对魏征的这些赞语联系起来看，我们甚至可以说，太宗之于魏征，不仅是可被左右，而且是怀有敬畏之情的。《资治通鉴》第193卷载有一则故事，说魏征"尝谒告上冢，还，言于上曰：'人言陛下欲幸南山，外皆严装已毕，而竟不行，何也?'上笑曰：'初实有此心，畏卿嗔，故中辍耳。'""嗔"者，责怪、埋怨也。看来，威严之外，魏征的嘴巴子也实在厉害，连皇帝老儿都惧三分。

（四）苏轼

苏轼，宋代大家。中国文学史上，凡介绍评论苏轼者，无不指出他具有多领域杰出的才艺和成就，文学上在诗、文、词、赋等各方面均有高深的造诣。然而，苏轼的知名度，特别是后世人们对他的爱戴与敬仰，更多的又是与他命途多舛、仕途坎坷，但始终达观超脱、笑对人生联系在一起的。据史载，他由于坚持思想独立，对当时的改革与保守新旧两党均不依附，曾多次被"外放"或自请"外放"，先后官贬杭州、密州、湖州、黄州、常州、登州等地，直至去世前到了天涯海角的琼州。其间，还遭遇著名的"乌台诗案"。当时，苏轼刚到湖州，新派官僚御史中丞李定、御史舒亶、何正臣等打着支持王安石变法的旗号，上书弹劾他，在他的诗文中找茬口，穿凿附会，罗织罪状，诬陷他讥讪朝政，包藏祸心。结果，苏轼百口莫辩，锒铛入狱，差点头颅不保。但就是在这样频繁而沉重的挫折、打击与磨难中，他的诗文词赋却始终表现出一种不屈不挠、乐观向上的精神。如前后《赤壁赋》、《石钟山记》、《江城子·密州出猎》、《饮湖上初晴后雨》等，就都有这样的背景。

同样，他的笑谈、辩说、应答、质问，亦时时闪烁出这一精神的光华。比如"乌台诗案"中，那些欲置苏轼于死地的大臣们抓住了苏轼的《王复秀才所居双桧》这首诗，指控他对神宗皇帝"不臣"。诗云："凛然相对敢相欺，直干凌空未要奇。根到九泉无曲处，世间惟有蛰龙知。"此本为咏物之诗，至多借此抒发了诗人挺拔不屈的性情而已。副相王珪却根据后两句参道："陛下飞龙在天，而轼求之地下蛰龙，其不臣如此！"苏轼被押后，狱吏曾问他这两句有无犯上之意，他巧妙地回答说：王安石诗有"天下苍生待晓霖，不知龙向此中蟠"，我说的"蛰龙"，就是王安石说的"蟠龙"。蛰龙和蟠龙，好一个比照！那些自称维护王安石变法，为陷害苏轼而极尽捕风捉影、深文周纳之能事的人，却忘记了王安石诗中也说过不是指皇帝的龙。请注意，此比照之妙，就妙在跟谁比照，妙在比照对象的特别。其实，自古随意称"龙"者有许多，如叶公好"龙"、孔明卧"龙"等。但苏轼却抓住王安石不放，实在妙不可言，我们甚至可以从中看到他虽身陷囹圄，却一脸自信得意的神色。

由以上一例，我们已可领略苏轼善辩的风采。而如果从口才学的角度加以全面考察，结合其言谈口辩、应答质问的大量实际，我们发现，苏轼所谓不屈不挠、乐观向上的精神光华在口语中的闪烁，是和他善于使用比喻修辞，善于运用幽默手法分不开的。

1. 令人感喟的幽默

说及苏轼的诙谐幽默，我们不禁会想起历代传布极广的苏家早年吃"三白"饭的故事。一碟白盐、一盆白萝卜、一锅白米饭，过如此清苦的生活，苏轼却戏称之曰"三白"，全家人竟都没有丝毫的赧颜与抱怨，实在令人动容。看来，幽默在苏家是有传统的。

但这里需要指出，所谓幽默可分为两大类：一类只是强调诙谐风趣的形式，追求轻松愉快的效果；另一类却更注重寄托凝重深刻的思想感情，让人在诙谐风趣中获得人生的感悟与启迪。20 世纪 30 年代，最早将英文 humour 译成中文"幽默"的林语堂先生就曾指出："幽默有广义狭义之分，在西文用法，常包括一切使人发笑的文字，连鄙俗的笑话在内。在狭义上，幽默是与郁剔、讥讽、揶揄区别的。"两类相比，自然前者易，后者难；前者多，后者少。以"三白"论之，无疑当属令人感喟的后者。而苏轼的"幽默"中，"三白"式的后者有许多，甚至凝重深刻的程度超过"三白"的也不难找到。

请看《东坡志林》中的《书杨朴事》。

> 昔年过洛，见李公简言："真宗既东封，访天下隐者，得杞人杨朴，能诗。及召对，自言不能。上问：'临行有人作诗送卿否？'朴曰：惟臣妾有一首云：'且休落魄耽杯酒，更莫猖狂爱咏诗。今日捉将官里去，这回断送老头皮。'上大笑，放还山。"余在湖州，坐作诗追赴诏狱，妻子送余出门，皆哭。无以语之，顾语妻曰："独不能如杨子云处士妻作诗送我乎？"妻子不觉失笑，余乃出。

"坐作诗追赴诏狱"，所指即前文说及的"乌台诗案"。"诏狱"，那是皇帝批准逮捕的，而所谓"乌台"即中央监察机构"御史台"，由此可见案情急切严重，凶多吉少。在这样的生离死别之际，"妻子送余出门，皆哭"，当是生活中常见的正常的现象。然而，苏轼却问妻子"独不能如杨子云处士妻作诗送我乎？"这就不正常了，大祸临头，却让人作诗，实在乖戾矛盾之至，于是诙谐幽默油然而生，其妻也"不觉失笑"了。但这只是事情的一面，如果我们注意到事情的另一面，注意到此问的语言背景，即杞人杨朴作为隐者的超脱与非凡，那么，苏轼宠辱不惊、临危不惧、百折不挠的精神一面就会突显出来，其幽默寄托的思想感情之凝重深刻也就会尤为令人感喟了。

2. 精妙绝伦的比喻

比喻，人人会用，然而比喻得好不好、像不像、雅不雅、精妙不精妙，是有三六九等之分的。虽说列宁曾指出"任何比喻都是跛脚的"，但这不应当影响我们赏析好的精妙的比喻，不应当妨碍我们去借鉴古今大师们的比喻之法。

苏轼就是这样的大师。而说及他的比喻，人们马上会想起的可能有两个：一个是"人生到处何所似，恰似飞鸿踏雪泥"，人们常用的成语"雪泥鸿爪"即源于此，由此可见其深入人心；另一个应是他描绘杭州西湖的两句："欲把西湖比西子，浓妆淡抹总相宜"（《饮湖上初晴后雨》）。这比喻可能还是历代引用率最高的比喻，因为如此著名的以人喻物十分罕见，堪当比肩者惟有唐人贺知章的《咏柳》："碧玉妆成一树高，万条垂下绿丝绦"。二者均化所咏之物为风姿绰约、风情万种的美女形象，可近、可亲、可爱，实在称得上是精妙绝伦的比喻。

此外，苏轼比喻的精妙还突出表现于"博喻"的运用上。南宋的洪迈在《容斋随笔》里话及譬喻时，曾将韩愈与苏轼并提，指出："韩苏两公为文章，用譬喻处，重复联贯至有七八转者。"而为举例说明，他又引用了苏轼《百步洪》里摹状轻舟于洪水中穿行的句子："有如兔走鹰隼落，骏马下注千丈坡。断弦离柱箭脱手，飞电过隙珠翻荷。"这里一连用了六个比喻，说洪水中的轻舟像老鹰俯冲抓走奔跑的兔子，像骏马由千丈高坡急驰而下，像断弦砰地一声飞离琴柱，像满弓之箭突然射出，像闪电从缝隙间划过，像水珠从荷叶上滚落。请注意，这六个比喻虽然都是表现快，但却快得不同样，快得有差别，有的是凶猛的快，有的是轻灵的快，有的是气概非凡的快，有的是来不及反应的快。须知，只有这样的"博喻"，才能极尽不同地段洪水和轻舟的状态，这正是此比喻的精妙之处！

无疑，苏轼诗歌中这样的比喻，其艺术品位是超一流的。并且，如果我们联系到以上诗歌的创作背景，了解到西湖西施之比和关于洪水轻舟的博喻都是他贬官谪居之际所吟，那么我们就会在感受比喻感受诗歌形式的美时，又感受到他要传播的旷达宽解、自信自勉的精神信息。这实质上也是一种交际，是一种寄托于比喻和诗的对待人生态度的交际。须知，古人诗的语言往往都先是口头形式，是先吟唱后书写的，所谓"口占"就是信口念出。所以，我们在考辨交际语言之美时，应当也可以把古诗列入考辨对象。

再举一个纯口语的例子。公元1097年，绍圣四年，苏轼62岁被再贬琼州。同年6月11日，苏轼与其弟苏辙相别于海边。据《苏文忠公海外集》卷四载，苏轼面对茫茫无际的海水，不禁伤感道："何时得出此岛耶？"但"善自宽"的他，随即又用老庄思想对苏辙排解道：在茫茫宇宙中，整个中国也不过是一个小岛而已，谁又不在岛上呢？倒一盆水在地上，小草浮在水上，一只蚂蚁附在小草上，觉得一盆水也是茫茫无际的，不知怎样才能爬到岸上。但不一会儿，水就干了，那蚂蚁爬出来见到别的蚂蚁，眼泪汪汪地说，几乎不能再与你们见面了。"岂知俯仰之间，有方轨八道之路乎？"说到这里，兄弟俩都不禁笑了。已经贬到了蛮荒蛮畿、天涯海角，苏轼还是这样乐观，坚信一切逆境险遇终将过去。而这生乎已传乎人的乐观精神和坚定信心，这效果，这笑，不又是与那喻体为"小岛"和"蚂蚁"的比喻相关联的吗？苏轼的善用比喻，的确不仅表现于诗文词赋的创作上，而且也表现于日常的言语交际之中。

（五）海瑞

海瑞，字汝贤，自号刚峰，明嘉靖举人。他的仕途充满传奇色彩，有"山字笔架"之名，堪与宋之包拯比肩。他历任教谕、知县、巡抚、御使等职，积极推行"一条鞭法"，力主严惩贪官污吏，故树怨树敌之多可用车装船载。他刚正不阿，疾恶如仇，矛头不但指向朝廷要员，地方豪强，就算当时天下至尊的嘉靖皇帝，也不能幸免。

1. 骂皇帝

据《明史·海瑞传》载，四十五年（公元 1566 年）二月，"瑞独上疏"。这就是著名的流芳百世的"海瑞骂皇帝"。他在疏中厉声直斥："盖天下不直陛下久矣！"并指出所以如此，是因为"吏贪官横，民不聊生"，"且陛下之误多矣，其大端在于斋醮"，还有"今大臣持禄而好谀，小臣畏罪而结舌"，"嘉靖者，言家家皆净而无财用也"，等等。奏疏，属书信体裁，历史上许多奏疏都是很富有口语特色的。从不为民谋利造福，到醉心于求仙炼丹，到喜爱奉承不纳谏，海瑞是无拘无束、无遮无拦地把明世宗骂了个遍。不过他也为此付出了惨重的代价——"下诏狱"、受酷刑，差点送了性命。

这样看来，海瑞似乎并不善于交际和沟通。动辄得罪人，谁都敢得罪，哪还有什么交际策略可论，还有什么语言技巧可言呢？然而，我们认为这只是问题的一个方面。从他自身的进退和安危来看，他获得的交际效果的确是不好的，他是失败的。但问题还有另一个方面，即从他对交际对象的刺激和影响来看，其效果又是很好的，他是很成功的。比如，嘉靖皇帝乍得海瑞奏疏时，虽"大怒，抵之地"，但"少顷复取读之，日再三，为感动太息"，后来还说过"此人可方比干"和"海瑞俱是"的话。皇帝都被他感动了，都承认他说的对，比得上商朝那剖心的谏臣比干，这效果还不好吗？还能说他不成功吗？同样的道理，海瑞一生在与其他权贵的较量碰撞中，也都有如此富有其个性特色的效果与成功，很值得我们学习。

2．战督学

海瑞，曾两度上京会试，均遭落第。但以其举人身份，按大明法规可听从吏部选调，赴地方获得卑微的官职。于是，年逾不惑时，他选择来到福建延平府南平县担任教谕，即官办县学的校长。上任之初，海瑞颇有创一番事业的热情和信心，特地制订了《教约》公示于墙。不料三个月后，府上下来视察，其中一位汪姓督学，平素妒贤嫉能，见了那意气风发、志意轩昂、欲为世间树立风范的《教约》，则大不以为然。海瑞与他话不投机，互不相让，当众上演了一场激烈的舌战：

督学：贵县教谕这份《教约》好是好，但据本官看来，未免高言弘语，岂能实行？

海瑞：督学大人多多指教。不知《教约》还有哪些不当之处？说出来卑职也好及时修改。

督学：孟子云："仕非为贫也，而有时为乎贫；娶妻非为养也，而有时为乎养。为贫者，辞尊居贫，辞富居贫。位卑而言高，罪也；立乎人之本朝，而道不行，耻也。"海教谕这篇《教约》有违圣训，所言与身份不符，实在是侈放高言，多难实行。

海瑞：督学大人用孟子的话教训卑职，卑职敢不惟命是从？不过，卑职细细想来，孟子所言怕是别有所指。曾子说过，士不可以不弘毅，任重而道远。孔子曾为乘田小吏，克己复礼，天下归仁，欲复周公。宋儒朱文正公，手定《学规》，天下学子应从，其时不过南康一军守。本朝王阳明先生开示心性，为学者宗，不过为贵州龙场驿丞。就是孟子本人，又何尝居高官，持尊爵呢？但言仁政，倡井田，"七篇"为天下至文，倡言人人可得为尧、舜。莫非诸位圣贤都负"位卑言高"之罪吗？天下兴亡，匹夫有责。位卑未敢忘忧国，蔺相如完璧归赵，不过缪贤家中一宾客；诸葛武侯出山之前不过卧龙岗上一书生，振兴天下，岂以官职大小，地位高低而论？

督学：（满脸通红，气急败坏）你……你怎么敢自比圣贤？你一个小小的教谕，不知天高地厚，竟以圣贤自比，这不又是高言吗？

辞尊居卑,辞尊居卑啊![1]

汪督学引用孟子语录责难海瑞的要害在于:"位卑"就不能"言高",出身低微的就应当甘居官场的底层。你海瑞一个小小教谕,还张扬什么?还谈何宏愿伟业?还不老老实实夹着尾巴做人?

海瑞虽初涉官场,但棱角峥嵘的他岂能容忍如此轻慢的言辞!他先以"孟子所言怕是别有所指"轻轻避开"圣训",不做无谓的争论。紧接着,便针锋相对地从远古的曾子孔子,到本朝的王阳明,一气列举了六七位未居高官却成就了大功业的名人事实。这样的例证,说理力度极强,既表现出他的博闻广识,又展示了他的咄咄逼人的言语锋芒,汪督学受用后自然只有脸红气急,徒呼"辞尊居卑"的份了。

3.斗乡豪

隆庆三年(公元1569年),海瑞当上了钦差大人,以右金都御史巡抚应天十府。其时原丞相徐阶已被劾里居数载,成了应天江阴地域最大的乡愿乡豪。而海瑞嘉靖年间因上疏"下诏狱"后,徐阶对他有过活命之恩。但是,面对徐阶大肆兼并土地,凶残鱼肉百姓,纵子强抢民女等诸多不法行为,海瑞毅然选择了为民请命、为民除害的道路,与徐阶进行了坚决而激烈的斗争。

著名新编京剧《海瑞罢官》写的就是这场斗争。包括《海瑞罢官》在内的诸多历史文学著作都记叙了海瑞走马上任不久,便以同僚下属身份拜会徐阶的情景。他们寒暄之后,席不暇暖,两人就围绕"民风"打起了嘴仗:

徐阶:吴中民风刁顽,百姓好诉讼,屡与官府作对,笃信种肥田不如告瘦状。

海瑞:古人说,上好利,则下必争。民风之浇漓,卑职以为向与官府倡导相关。乡民不也说官官相护吗?

徐阶:(眉头紧皱)刚峰所言,则百姓有理,官府无道了?那种肥田不如告瘦状之说,其实是他们要从中获利。既有利可图,便不惜架空状词,无中生有,构陷对方,你初来须注意执法持平,切不可轻信啊!

海瑞:太师教导的极是,所言执法持平,卑职谨记在心。但查阅往日卷宗,常见官府对百姓所告乡官士绅含糊调停,甚至偏袒姑息。只要状词准行,百姓即得其利,所谓种肥田不如告瘦状,不过如此,乃自家之利,官府允以维持而已。因而,卑职以为这民间刁

---

① 熊良智.《海瑞》(历史传记)第十一章.中国言实出版社,1997年版

讼盛行，乃是各府县自己招惹而起的。"

徐阶：刚峰真正是敢想常人所不敢想，敢为常人所不敢为。你为国为民的胸怀自然令人敬佩。不过，为官自有为官的道理，为民自有为民的本分。老夫还是那句话，执法持平。这官是官，民是民，不分彼此，也是难以维系公道的。

海瑞：既讲分清官民的彼此，要执法持平，那么请问太师，法可以治刁民的凶顽，而对乡豪横行乡里又当如何处置呢？

徐阶：这有何难？王子犯法与庶民同罪嘛！你一生刚直，对先帝都能尽言直谏，更何况乡豪？如今你又奉旨巡抚，切不可辜负了皇上的恩典。

海瑞：（迫不及待）太师指教的是！有了太师的指教，这吴中亦不难治了。我真要代吴中百姓感激太师了。①

这场较量，这段对话，海瑞的棱角、锋芒依旧。而更值得指出的是，他以虚心请教的姿态，严密深入的辨析，成功地达到了两个目的。第一，澄清"种肥田不如告瘦状"之说。这本是乡愿乡豪指称民风刁钻的口实，可经海瑞这一辨析，却成了百姓最基本的维权认识，是最可怜最起码的为了生存的挣扎。生活中常会产生出如此混沌一片的现象，常会传播开如此似是而非的舆论，而这时能否澄清混沌与似是而非，就成了解决问题、解脱困扰的关键。海瑞敏感地把握住了这一点，他的辨析，正是起到了澄清的作用，徐阶自然只能是无言以对。第二，让徐阶说出了"执法持平"和"王子犯法与庶民同罪"的话。海瑞此次拜会徐阶，实际上就是为了为后面的斗争做准备，这也就叫做请君入瓮——好吧，为了维护你自己说过的话，你府上就得马上"退田"！你公子就得严惩不贷！你还有什么话可说？这样的迂回之法，前面"远古的辉煌"一节已作介绍，孟子墨子等就都是好为之者。海瑞可谓获其真谛，将此法运用得十分娴熟。

（六）郑燮

现今如果问起"难得糊涂"这句话是谁说的和谁写的，相信极少有人答不出郑板桥的大名。郑板桥，名燮，字克柔，原籍江苏兴化，清康熙秀才，雍正举人，乾隆进士。1742—1748 年间，他先后在山东范县、潍县任县令，为官清廉，疾恶如仇，有许多怪招迭出的惩恶扬善之举流传于世。文学艺术方面，他身居"扬州八怪"之首，身怀诗、书、画三绝，画长于兰竹，书自称"六

---

① 熊良智.《海瑞》(历史传记)第二十三章.中国言实出版社,1997 年版

分半"，诗好为通俗讽喻之辞。至于他的口才，则不但综合体现了其诗、书、画方面的超凡素质，而且言语交际中或活用诗歌，或巧借书画，形成了一道个性张扬的独特风景线。

1. 活用诗歌

郑板桥才思纵横，反应敏捷，遇事常能即席赋诗，出口成诵。比如，他在潍县时的一个例子：有一次，有位用钱捐得官职的知府来视察，郑板桥瞧他不起，未出城迎接。可该知府却缺乏自知之明，晚宴间趁上螃蟹之机，竟借题发挥道："此物横行江河，目中无人，久闻郑大人才气过人，何不以此物为题吟诗一首，以助酒兴？"知府本想出出心中的怨气，难难这自负的下属，不料郑板桥略加思忖，随即吟道："八爪横行四野惊，双螯舞动威风凌，熟知腹内空无物，蘸取姜汁伴酒吟。"知府闻言十分尴尬，后悔莫及。郑板桥这种风格的诗除了《题螃蟹》外，至今民间流传很广的还有《送小偷》和《敲太守》等。

先说《送小偷》。郑板桥出身寒门，年轻时继承父业做了私塾先生。一天晚上，他正躺在床上，忽见窗纸上映出一个鬼鬼祟祟的人影，心知是小偷来了。可他家又有什么值得偷呢？一阵酸楚掠过心田，一丝苦笑漾在嘴边，他不禁高声吟道："大风起兮月正昏，有劳君子到寒门。诗书腹内藏千卷，钱串床头没半根。"小偷一听，转身便溜。他又接着念了两句："出户休惊黄尾犬，越墙莫碍绿花盆。"小偷慌不择路，跌倒在地，被黄狗扑上咬住。郑板桥急忙披衣出门，喝住黄狗，扶起小偷，直送到院子外面，作了个揖，又吟了两句："夜深费我披衣送，收拾雄心重作人。"小偷羞愧难当，连连赔着不是而去。

再说《敲太守》。这里的"敲"，有两个含义，一个是教训教训，一个是敲竹杠。清乾隆年间扬州有个太守叫胡以逊，此人平素趾高气扬，作威作福，不可一世。某日，胡氏狎妓宴客，乘画舫于瘦西湖上游玩。一路上，画舫横冲直撞，不时有不及回避的小船被掀翻，游人落水，高声呼救……此情景，正好被心绪欠佳，也来荡舟散心的郑板桥碰上了。其时，他虽已是进士身份，但仍在家"候补"。有道者不仕，显贵者恣睢，郑板桥不禁怒火中烧，命船夫向画舫直撞过去——结果，他被绑上了画舫，与太守好好较量了一番：

太守：请问先生，这瘦西湖难道是你的私家花池吗？

板桥：当然不是。在下连破长衫都无钱更换，哪会有什么花
池哟！

太守：既然不是，为何故意冲撞本府的坐船？

板桥：一叶轻舟，岂敢与艨艟般画舫相撞，实在是被逼得无路

可走，不得不如此呀！

　　太守：一派胡言，平湖阔水，处处是路，怎说无路？好一个不讲道理的无赖之徒！

　　板桥：请问知府大人，"道"在哪里？"理"又在哪里？

　　太守：你……这是何意？

　　板桥：大人，还用说吗？天下谁人不知眼下正是皇帝生母皇太后归天忌期。你身为一方父母官，不但视百姓为草芥，而且忘却国丧，听歌游宴，这是什么道理？这难道不是大逆之行？

　　太守这下傻眼了。原来郑板桥强词说什么"无路可走"，是要把争论引到这"国丧"问题上来，这可是关乎臣子身家前程的问题。胡太守自知理亏，并自觉来者不善。在得知板桥的身份后，便急忙自圆其场，极尽恭维之词，邀请板桥入席共饮。可板桥却返身跳上小船，扬长而去，同时留下一串吟诗声：

　　瘦西湖上撞画舫，有幸拜见亲民官。

　　山川草木犹含泪，太守游宴乐曲船。

　　郑板桥教训了胡太守一顿，并继续以诗威胁要挟，弄得他惶惶不可终日。最终，趁胡太守派一名师爷来要求"保密"之机，郑板桥又狠狠敲了他300两纹银，去散发给了当时聚集在扬州城南一带的灾民。

2.巧借书画

　　郑板桥充满魅力的言语交际风采，不但表现为活用诗歌形式，给人以文雅而活泼靓丽的感受，而且还表现为巧借书画，更显现出一种诙谐而不失深厚的格调。

　　比如，前文所述胡太守被狠敲一笔竹杠的故事，还有这样的下文：郑板桥以不平白取他人钱财为由，说自己已为太守大人写好了一块匾。来送钱的师爷见有"六分半"墨宝可得，自然欣喜非常，千恩万谢地将匾带回了太守府。那匾额上写的是"德沐一方"四个大字，胡太守见了很是高兴了一阵。可时间长了，太守观赏时发现那"德"字右下的"心"中少了一"点"，方才悟出是骂他"心中缺点德"，气得他咬牙切齿，"砰"一声砸碎了那块横匾。

　　再说一个郑板桥智斗盐商的故事。郑板桥在潍县任上时，一日，某盐商将一个贩私盐的小贩扭送到了县衙门，要求他对小贩予以重惩。郑板桥见那小贩蓬头垢面、衣衫褴褛，顿生怜悯之心。可贩私盐是国家明令禁止的，自然公开庇护不得。于是，他对那位盐商说："这个小贩应当重惩，我准备给他戴上枷锁，立街示众，好不好？"盐商连声说："好，好。"第二天一早，那小贩脖子上套着县衙门特制的"芦枷",站在了那盐商的店的大门口。只见那用芦席做的枷上有郑板桥画的竹子和兰花,还题了款。当时,郑板桥诗、书、画的名声,和他的清官的名声,都声名远播,所以小贩一站出,县城内外来观枷看字画者蜂拥而至,将盐商的店门口围得水泄不通,什么生意也做不成了。那盐商只好又到县衙门哀求郑板桥将小贩放了。

后来,郑板桥释放小贩时,还给他写了张字条,上面有七个大字:"今天准你卖咸盐",另有下款:"潍县正堂郑燮"。小贩在回家路上请人看明白字条后,起先忧心忡忡,嘴里嘀咕着:"那明天、后天呢?"但快走到家时,小贩突然明白过来,大声嚷道:"郑老爷给了我摇钱树,今天、明天、后天……什么时候拿出来都是今天啊!"于是,小贩朝着衙门方向,当街跪下,磕起了响头。

郑板桥真正是个独行特立之人!他就是这样以极具个性的语言和非语言方式,表达了他的思想和情怀,表达了他的好恶和爱憎。他所以被称为"怪才",所以名垂后世,受人爱戴,和他的这道独特的言语交际风景线是紧密关联的。总之,郑板桥的诗、书、画三绝,还"绝"在他的言语交际功能上。

第三节 近、现代的复兴

从18世纪到20世纪中叶约200年间,世界发生了深刻巨大的变化。而伴随着西方工业文明和民主自由思想的影响,伴随着马克思主义的诞生及其发展,作为传播形式和手段的交际语言艺术也光彩四溢,口才成了宣传文明、传播真理、唤醒民众的有力武器。其中,最富有传播性和影响力的、最值得学习和研究的、最重要的语言现象是——演说。

就欧美各国而言,在资产阶级登上政治舞台的过程中,"中世纪"黑暗所湮灭的口才艺术重获新生,议会式的权力机构使得演说成了革命者和政治家的职业需要。在"自由、民主、平等、博爱"的呐喊声中,凭借卓越的口才呼风唤雨的精英人物比比皆是,层出不穷。例如,法国担任过启蒙运动的领袖伏尔泰、孟德斯鸠、卢梭等,就都是名震四方的演说家、辩论家;担任过英国首相的皮特和丘吉尔都曾以"铁舌头"闻名于世,称雄政坛,而在维多利亚女王时代,议会中政治派别各异的格拉尔、狄瑞尼、科布登、莱特等四张"铁嘴"则几乎支配了英国的内外政治;美国历任总统无不擅长演说和辩论,而林肯堪称其中的典范,他的《葛底斯堡演说》被公认为演讲史上的珍品,而铸成金文,至今仍存放在牛津大学。

　　而在无产阶级登上政治舞台之际，1848 年，马克思、恩格斯在其合著的《共产党宣言》开头说："一个幽灵，共产主义的幽灵，在欧洲徘徊"，结尾又说："让统治阶级在共产主义革命面前发抖吧。无产者在这个革命中失去的是锁链，他们获得的将是整个世界。全世界无产者，联合起来！"很显然，这样的开头和结尾也都是极具演说魅力的，很可能源自他们当年经常深入工人群众所做的演说和讲话。此后，无产阶级革命领袖列宁无疑更是一位杰出的演说家，他的演说风度和气势曾倾倒了无数革命志士。斯大林就十分佩服他的演说才能，称赞他的演说具有"不可战胜的逻辑力量"，总是"紧紧抓住听众，一步步地感动听众，然后把听众俘虏得一个不剩"。而正是由于有马克思、恩格斯和列宁这样的榜样，国际共产主义运动中涌现出了众多以演说为能事的社会活动家，以俄国人为例，佼佼者就有季米特洛夫、普列汉诺夫、斯维尔德洛夫、捷尔任斯基、托洛茨基、加里宁等。他们都曾是当时苏共中央的，他们的伟大，他们的成就，也都是离不开他们的演说才能的。

　　至于我国的情况，众所周知，在清末民初，随着社会半封建半殖民地化的加深，"西学东渐"也成了一股不可抗拒的历史潮流。而且，较之明末清初的"西学东渐"，此次人文社会科学的比重大为增加。"演说"，这一在欧美运用广泛、作用巨大的宣传传播形式，便自然影响到当时中国社会的先进分子。从孙中山到毛泽东，在整个民主主义革命进程中，一个个用演说向旧社会旧势力开火的先知者、革命家应运而生。他们的演说是革命和文化的双重宝贵遗产，标志着我国近、现代交际语言艺术的复兴，我们理当全面继承，并发扬光大。下面，就精选十例，加以赏析。

一、孙中山·《中国决不会沦亡》

（一）敬词与"乐闻"

　　孙中山（1866—1925），名文，字逸仙，广东中山人，中国伟大的资产阶级民主革命先行者。《中国决不会沦亡》是他早期的著名演说之一。1905 年，孙先生在欧美游历两年后来到日本。8 月 20 日，中国同盟会正式成立，确定了"驱逐鞑虏，恢复中华，建立民国，平均地权"的革命纲领，树立了"民族、民权、民生"的三民主义思想体系。他被选为总理。这篇演说，就是产生于这样的历史背景，是他在中国同盟会成立前 7 天在日本东京中国留学生的欢迎大会上所做的。全篇较长，节选赏析如下：

　　　　兄弟此次东来，蒙诸君如此热情欢迎，兄弟实感佩莫名。窃恐
　　无以诸君欢迎之盛意，然不得不献兄弟见闻所及，与诸君商定救国

之方针，当亦诸君所乐闻者。兄弟由西至东，中间至米国（按：即美国，下同。）圣路易斯观博览会，此会为新球开辟以来的一大会。后又由米至英、至德、至法，乃至日本。离东二年，论时不久，见东方一切事皆大变局，兄弟料不到如此，又料不到今日与诸君相会于此。近来我中国人的思想议论，都是大声疾呼，怕中国沦为非、澳。前两年还没有这等的风潮，从此看来，我们中国不是亡国了。这都由于我国民文明的进步日进一日，民族的思想日长一日，所以有这样的影响。从此看来，我们中国一定没有沦亡的道理。

这一段，即全篇演说的开头。读此段，给人的突出感受是，措词上反复使用敬词称谓"诸君"，短短几句竟用了5次。此段刚完，紧接着说的"今日试就我游历过各国的情形，与诸君言之"，又是一个"诸君"。经计数，后面的讲演又3次使用"诸君"一词。而且，此段中的5次敬词称谓"诸君"，又是和5次谦词自称"兄弟"对用的。

我们以为，演说中这样的措辞，看来平常，似不经心，但实际上是深谙交际之术的表现，其作用实在不可等闲视之。这因为，人际交流，特别是陌生人之间的交流，会有个缩短"距离"的问题。而交流中，无论是大庭广众时的演说，还是少数几个人的谈心，适时、亲切、反复地尊称对方，并辅以谦称自己，是人们达到此目的的屡试不爽的妙方之一。

"诸君"之外，此段措词上还有一处，即"当亦诸君所乐闻者"也是值得我们注意的。孙先生这里强调了"乐闻"。但须指出，我们注意这"乐闻"的措词，并非因为词本身运用有精妙之义，而是因为它反映了演说者关于演说的理念，反映了演说者重视对演说内容的选择。现代传播学中，有所谓"使用——满足说"，强调讨论传播的效果须以受众为中心，要把眼睛盯着受传者的兴趣。看来，孙先生是早就明了这样的道理的。他十分清楚，讲政治，讲革命，也有个趣味问题，不能干巴巴，三根筋，让人听而生厌。所以，他一上来就强调"乐闻"，承诺他将演说大家所喜欢听的。而这对于演说的进行，无疑是注入了一针兴奋剂，引起了听众聆听的欲望，让人们欣欣然以待。

（二）比喻与比较

又有说欧米共和的政治，我们中国此时尚不能合用。盖由野蛮而专制，由专制而立宪，由立宪而共和，这是天然的顺序，不可躁进的；我们中国的改革最宜于君主立宪，万不能共和。殊不知此说大谬。我们中国的前途如修铁路，然此时若修铁路，还是用最初发明的汽车，还是用近日改良最利便之汽车，此虽妇孺亦明其利钝。

所以君主立宪之不合用于中国，不待智者而后决。又有说中国人民的程度，此时还不能共和。殊不知又不然。我们人民的程度比各国还要高些。兄弟由日本过太平洋到米国，路经檀香山，此地百年前不过一野蛮地方，有一英人至此，土人还要食他，后来与外人交通，由野蛮一跃为共和。

我们中国人的程度岂反比不上檀香山的土民吗？后至米国的南七省，此地因养黑奴，北米人心不服，势颇骚然，因而交战五六年，南败北胜，放黑奴 200 万为自由民。我们中国人的程度又反不如米国的黑奴吗？我们清夜自思，不把我们中国造起一个 20 世纪头等的共和国来，是将自己连檀香山的土民、南米的黑奴都看作不如了，这岂是我们同志诸君所期望的吗?! 所以我们决不能说我们同胞不能共和，如说不能，是不知世界的进步，不知世界的真文明，不知享这共和幸福的蠢动物了。

读了上面三段文字，实在有一种痛快之感。不难想象，当时那些听演说的留学生肯定是如坐春风，茅塞顿开，击掌不已！当其时，中国旧体制的改革正是山雨欲来之势。然而，究竟是走"立宪"之路，还是走"共和"之路，社会上受改良派的影响，分歧很大，乃至革命同盟内部也存在着认识上的误区。如何抉择？如何说服广大同情者？孙先生举重若轻，首先采取的是避重就轻之法，随即又加以比喻论证。他清楚，如果去剖析"立宪"与"共和"的优劣，去正面论述"专制—立宪—共和"是不是"天然的顺序"，那结果肯定是事倍功半，吃力而不讨好的。所以，他回避了这些，而巧妙地富有说服力地引入了"修铁路"的比喻。是啊，在社会和自然的发展过程中，人类的后来者总是走"捷径"的，总是直接享受最文明最先进的成果。"修铁路"之喻还能让受众联想起许多类似的现象，诸如火、纸、电乃至当今"IT"技术的发明。试问，人类进化历程中，有谁会去重复那一个个漫长而充满辛酸的发明过程呢？"我们中国的前途如修铁路"之喻，实在简明、有力、形象，真所谓"不待智者而后决"。

批评了改良派主张"立宪"的谬误，孙先生又针对当时革命同盟内认为中国百姓认识程度低，对"共和"缺乏信心的普遍心态进行了分析。如果说上面孙先生是以亲切、平和的态度对人们循循善诱的话，那么这里则是以满腔的热情，启发人们树立民族的自尊心和自信心。而方法技巧上，则是改比喻为"比较"，引入了历史上美国檀香山的"土民"和美国南方的"黑奴"。通过比较，让人们由衷信服，我们比当年美国立国的基础要好，而"将自己连檀香山的土民、南方的黑奴都看作不如了，这岂是我们同志诸君所期望的吗?!"

二、黄兴·《革命青年的责任》

黄兴(1874—1916)，原名轸，字廑午，湖南长沙人，近代民主革命家。在早期的日本中国同盟会和后来的南京临时政府中，他都是一位杰出的领导者。而且，他文武兼备，曾先后担任北伐革命军总司令、南京临时政府陆军总长江苏讨袁军总司令。演说口才方面，当时更是无人能出其右。据《黄兴集》所录，仅1912年9月至12月间，他发表演说就多达35次。这篇《革命青年的责任》，讲于1906年12月2日，地点在日本神田区锦辉馆，《黄兴集》中名为《在〈民报〉创刊周年庆祝大会上的插话》，由此可见其完全是一次即兴"挥洒"。全篇仅400余字，现照抄如下：

> 今天，孙先生所说的，是革命的宗旨及其条理；章先生所说的，是革命实行时代的政策；各位来宾所说的，是激发我们革命的感情。大抵诸君听见，没不表同情的。但是兄弟所望于诸君的，却还要再进一步。
>
> "表同情"三个字，不过是旁观的说话。凡是革命的事业，世界人人都表同情的。惟有自己的国民却不是要他表同情，是要他负这革命的责任。(拍掌大喝彩)诸君现在都是学生，就拿学生的责任来说。1817年的时候，奥国宰相梅特涅利用俄皇的势力结神圣同盟会，压制革命党，得普王的赞成，到了十月，开宗教革命三百年祭同利俾塞战胜纪念祭，耶鲁大学学生齐去市外运动各州响应，革命党从此大盛。这样说来，欧洲大革命的事业是学生担任去做的。(拍掌大喝彩)日本的革命，人人都推西南一役。那西乡隆盛所倡率的义师，就是鹿儿岛私立学校的学生。这样说来，日本革命和事业也是学生担任去做的。(拍掌大喝彩)诸君莫要说今日做学生的时候，是专预备建设的功夫，须得要尽那革命的责任。(拍掌大喝彩)今天这会，就是我们大家拿着赤心相见，誓要尽这做学生的本分的。(拍掌大喝彩)

这是一篇非常简短而精彩的即兴演讲。所以曾被名之曰"插话"，是因为那次《民报》创刊周年庆祝大会上，黄兴是大会主持，他是在章炳麟及若干日本朋友致祝词，孙中山发表长篇演讲之后，随即为概括大会内容和强调大会目的而说了这段话。然而，这段话却说得光芒四射！尽管短得前所未见，只说了一二分钟，却获得了5次"拍掌大喝彩"。何以能如此，其主要原因有二：

（一）层次与逻辑上的讲究

首先，是因为层次明晰，逻辑严密。说话与写文章不同。写文章可以斟酌再三，改了又改，要达到层次与逻辑上的要求并不难。说话呢？因为需要一气说完，则往往有失连贯，动辄"跳跃"，甚至是无层次逻辑可言的。但是，黄兴的这段话，却是既明晰又严密，分三步述评，且环环相扣。第一步至"大抵诸君听见，没不表同情的"，他首先高度凝练地概括了孙先生、章先生以及日本朋友们的讲话，是一种赞许式的总结；第二步，紧承"表同情"加以辨析，指出"旁观"的态度是不够的，强调了要"负这革命的责任"；第三步，自"诸君现在都是学生"起，又由笼统的"革命的责任"说及具体的"学生的责任"，并且举了"欧洲大革命"和"日本革命"的事例，号召青年学生们"要尽那革命的责任"，"要尽这做学生的本分"。很显然，此"插话"所以成功，首先就在于它具有的这种内在的逻辑力量，就在于它顺理成章、水到渠成地得出最后这号召性的结论。

（二）联系说话对象的举例

其次，原因在于这"第三步"的举例。通常，人们说话要加以例证，只是考虑举的事例能证明自己的看法就行。比如这里所论"表同情"和"负责任"之别，那本可以随便在中外历史上找几件事，以若干先辈之义举壮举证明"负责任"之可贵的。然而，黄兴先生却不取此便宜。他举的例子，"耶路大学学生齐去市外运动各州响应，革命党从此大盛"，还有"那西乡隆盛所倡率的义师，就是鹿儿岛私立学校的学生"，二者是既能证明他的观点，又与他说话的对象紧密相关联的。须知，这后面的"又与"一半很重要！正因为有"又与"这一半，正因为是拿学生的事说给学生听，所以当时最能引起共鸣，所以当他说"欧洲大革命的事业是学生担任去做的"和"日本革命的事业也是学生担任去做的"时，又两次受到"拍掌大喝彩"。他这样的舍弃便宜、注重联系说话对象的举例，无疑大大增强了演说的感染力量。

三、秋瑾·《敬告二万万女同胞》

秋瑾（1875—1907），字璿卿，号竞雄，别署鉴湖女侠，浙江绍兴人，中国民主革命烈士。她曾留学日本，是同盟会成员。1906年回国，次年初在上海发刊《中国女报》，提倡女权，宣传革命。不久，回绍兴组织光复军，数月后不幸事败被捕，7月15日凌晨就义于绍兴轩亭口，年仅32岁。

关于演讲演说，秋瑾也有可大书一笔之处。在日本留学时，她就曾任中国留学生"演说练习会"会长，大力提倡演讲演说，并在《白话》杂志上发表《演说的好处》一文，指出"演说一事，在世界上大有关系，所以我们不能不注意……因为开化人的知识，感动人的心思，非演说不可。"她不但如此主张提倡，而且还身体力行。据许多留日学生回忆，"东国留学慕君者众，每际大会辄以君一得莅临为荣。"①陈去病的《鉴湖女侠秋瑾传》又说，"她每大集会，必抠衣登坛，多所陈说，其词淋漓悲壮，荡人心魄，与闻之者鲜不感动愧赧而继之以泣也"（见《秋瑾集》）。所谓《敬告二万万女同胞》，就是她那时众多精彩演说中的代表作。这篇演说还被视为中国妇女的解放宣言，而其开头一段尤为特别，尤可借鉴，现节录并赏析如下：

　　唉！世界上最不平的事，就是我们二万万女同胞了。从小生下来，遇到了好老子，还说得过；遇到脾气杂冒、不讲情理的，满嘴连说："晦气，又是一个没用的。"恨不得拿起来摔死。总抱着"将来是别人家的人"这句话，冷一眼、白一眼的看待；没到几岁，也不问好歹就把一双雪白粉嫩的天足脚，用白布缠着，连睡觉的时候，也不许放松一点，到了后来肉也烂尽了，骨也折断了，不过讨亲戚、朋友、邻居们一声"某某人家姑娘脚小"罢了。这还不说，到了择亲的时光，只凭着两个不要脸媒人的话，只要男家有钱有势，不同身家清白，男人的性情好坏、学问的高低，就不知不觉应了。到了过门的时候，用一顶红红绿绿的花轿，坐在里面，连气也不能出。到了那边，要是遇着男人虽不怎么样，却还安分，这就算前生有福今生受了。遇着不好的，总不是说："前生作了孽"，就是说"运气不好"。要是说一二句抱怨的话，或是劝了男人几句，反了腔，就打骂俱下，别人听了还要说："不贤惠，不晓得妇道呢！"诸位听听，这不是有冤没处诉么？还有一桩不公的事：男子死了，女子就要带三年孝，不许二嫁。女子死了，男人只带几根蓝辫线，有嫌难看的，连带也不带；人死没三天，就出去偷鸡摸狗，七还未尽，新娘子早已进门了。上天生人，男女原没有分别。试问天下没有女人，就生出这些人来么？为甚么这样不公道呢？那些男子，天天说"心是公的，待人是要和平的"，又为甚么把女子当作非洲的黑奴一样看待，不公不平，直到这步田地呢？

---

　　①　徐寄尘·《鉴湖女侠秋君墓表》，载《秋瑾集》

（一）谈家常似的口吻

"唉！世界上最不平的事，就是我们二万万女同胞了。"你看这第一句，秋瑾所持的口吻，便完全是谈家常式的，是推心置腹的，像个老姐妹一样。这就是她的一大特别之处。而且，这样的口吻，这样的把自己置于万千姐妹之中，是贯穿于整个段落，及至全篇的。比如演讲结束时，在她向各年龄段和不同经济状况的姐妹们提出自己的希望后，又这样说道："这就是我的望头了。诸位晓得国是要亡的了，男的自己也不保，我们还想靠他么？我们自己要不振作，到国亡的时候，那就迟了。诸位！诸位！须不可以打断我的念头才好呢！"我们感到，这样的口吻，已不只是起到了缩短传播者和受传者距离的作用，而是将二者融合在一起了。聆听这样情同身受的感叹，聆听这样亲如同胞的呼唤，真正是"荡人心魄"！真正要"感动愧赧而继之以泣也！"

（二）罗列常见的事实

与"谈家常式的口吻"相一致、相辅助，秋瑾还在演说中罗列了大量当时司空见惯的事实。这是她的可供借鉴的另一特别之处。要话家常，当然得有家长里短。于是，从女孩子一生下来就被视为晦气说起，直说到长大要裹脚，凭父母之命媒妁之言嫁人，还有如果男人死了要守孝的情况。须指出，人都是有遗忘的特质和"赖活"的弱点的。对于这些分布于人生各个阶段的种种不公不平和不幸，实际生活中的妇女们的态度大抵都比较淡漠，并不能激愤起来。但是一旦将这些不公不平和不幸罗列起来，撕破了它们集中暴露于人们面前，那情形就决然不同了。你看，"晦气，又是一个没用的"；"将来是别人家的人"；"一双雪白粉嫩的天足脚""到了后来肉也烂尽了，骨也折断了"；"不贤惠，不晓得妇道呢！"；"男子死了，女子就要带三年孝，不许二嫁"……当这一系列妇女们所遭受的屈辱的非人道的记录接连展现出来的时候，试问又有谁还能坐得住呢？又有哪个女人还会无动于衷呢？这就是罗列常见事实的力量。或者说，平常、稀松、琐碎，倘处理得法，也能够撼人心肺，振聋发聩。

四、梁启超·《人权与女权》

梁启超（1873—1929），字卓如，号任公、饮冰室主人，广东新会人，与康有为并称"康梁"，戊戌政变后流亡日本，中国近代思想先驱之一，著名学者。他先期致力于维新运动，主张保皇立宪，后倾向共和革命，在宣扬鼓吹西方资产阶级文化文明方面，对当时思想界、知识界有较大影响。所谓演说《人权与女权》，即其宣扬鼓吹实践之一。这是一篇极富魅力的上品演说，似有一种强大的力量，撞击着人们的心灵，值得我们认真琢磨，细加玩味。

（一）别具一格的破题

八股有"破题"一股。所谓破题，即一上来就点破题目，说明题目的要义。其实，说话作文，常需要破题，而且作用不可小觑，并不能一概反对。这些看起来像是题外之话，但如果你听了或看了《人权与女权》的开头，相信你会领首称是，相信梁先生的破题之术，梁先生的风度与风格，肯定会给你留下极其深刻的印象。

> 诸君看见我这题目，一定说梁某不通，女人也是人，说人权自然连女权包在里头，为什么把人权和女权对举呢？哈哈！不通诚然不通，但这个不通题目，并非我梁某杜撰出来。社会现状本来就是这样的不通，我不过照实说，而且想把不通的弄通罢了。

梁先生的破题，实在是别具一格的。它与通常的概括性、条理化的破题不一样，称得上幽默、新颖而深刻，它是用幽默的言语，新颖的设想和问答形式，把人们引入了一个深刻的社会问题。其中的关键词句是："梁某不通"——"不通诚然不通"——"社会现状本来就是这样的不通"——"想把不通的弄通"。你看，由设想他人会指责自己"不通"说起，接着导出一连串的"不通"，这在形式上便充盈滑稽因素，自然令人忍俊不禁。但稍后，如果顺着他所说诸多"不通"间的联系再想一想，那你马上又会感到问题之严重，会使你对其下文产生浓厚的兴趣。倘在演说中，听众则势必引颈翘首踮脚也！

（二）发人深省的命题

好，下面我们就先看一下接下来的一段：

> 我要出一个问题考诸君一考："什么叫做人？"诸君听见我这话，一定又要说："梁某只怕疯了！这问题有什么难解？凡天地间'圆颅方趾横目睿心'的动物自然都是人。"哈哈！你这个答案错了。这个答案只能解释自然界"人"字的意义，并不能解释历史上"人"字的意义。历史上的人，其初范围是很窄的，一百个"圆颅方趾横目睿心"的动物之中，顶多有三个够得上做"人"，其余都够不上！换一句话说：从前能够享有人格的人是很少的，历史慢慢开展，"人格人"才渐渐多起来。

我们这里所说的"命题"是指逻辑学上的表达判断的语言形式。生活中，凡正常的人必须不停地对自然、社会、历史、现实等各方面的万千现象做出自己的判断。然而，同样是判断，其"质"却大有差异，数量也不一样。直白浅显者众，蕴蓄丰富深刻者寡，至于格物穷理，演绎人伦天地而能惊世骇俗者，那更是要许多年、几十年、甚至一个世纪才能有几个的。二岁的孩子说"妈妈是女的"，这是判断，在孩子来说已属不易，但它属于前者，生活中这样的判断是不可胜数的，也是不可缺少的；哥白尼说"地球绕着太阳转"，马克思说"资本主义必然死亡"，这些是判断，但不是什么人都能做的，是和天才联系在一起的，当属于后者。很明显，这前者和后者，对于我们交际语言艺术的研究，是没有什么实际意义的。只有剩下的中者，发人深省的"蕴蓄丰富深刻者"，才是可以学习并值得学习的。虽然能为此者也不多，但我们可以通过学习积累向此方向努力，可以部分地不同程度地达到目的。

梁先生的演说中，就时有这样的命题。请看上面的那段引文，在论及"圆颅方趾睿心的动物都是人"的定义时，他说："这个答案只能解释自然界'人'字的意义，并不能解释历史上'人'字的意义。"结尾处，他又补充说："从前能够享有人格的人是很少的，历史慢慢展开，'人格人'才渐渐多起来。"这些就是"蕴蓄丰富深刻"的命题。当我们看到这些地方时，会受到一种特别的刺激，会感到新鲜而精辟，会停下来咀嚼其中的一些概念，比如"自然界'人'字"、"历史上'人'字"、"人格人"……这不就是所谓"发人深省"吗？这不就是戌戌君子的思辨风骨吗？

（三）亦庄亦谐的语言

让我们再来看几段梁先生《人权与女权》中的话：

人是有聪明的有志气的，他们慢慢从梦中觉醒起来了！你有两只眼睛一个鼻子，我也有一个鼻子两只眼睛，为什么你便该如彼我便该如此？他们心问口、口问心，经过多少年的烦闷悲哀，忽然石破天惊，发明一件怪事："啊，啊！原来我是一个人！"

万岁声中，还有一大部分"圆颅方趾横目睿心"的动物在那边悄悄地滴眼泪。这部分动物，虽然在他们同类中占一半的数量，但向来没有把他们编在人类里头。这一部分是谁？就是女子！人权运动，运动的是人权。他们是 Women，不是 Men，说得天花乱坠的人权，却不关她们的事！

当人权运动高唱入云的时候，又发明一件更怪的事："啊！啊！原来世界上还有许多人！"有了这种发明，于是女权运动开始起来。女权运动我们可以给他一个名词，叫做广义的人权运动。

看了上面三段，相信大家肯定饶有兴味，肯定会被深深吸引。而所以如此，那也是与"发人深省的命题"分不开的。但除此之外，还有一个很突出的因素，那就是梁先生亦庄亦谐、庄谐相济的语言风格。这一因素，这一风格我们早在他开头的"破题"中就感觉到了，而随着赏析进程的延续，如此感觉则愈加鲜明和浓烈了。须指出：一篇演说，能不断出现"发人深省的命题"，提出一个又一个独到精辟严肃的见解，那已属难能可贵。如果其语言还能做到既庄重大方又诙谐风趣，那就是大家大师的水准，其艺术造诣则已进入高超的境界。

如此感觉是不需要举例说明的，因为它源自整个作品的字里行间，謦咳之中。可有一点得特别说明，那就是要学习这样的风格，形成这样的风格，绝非一朝一夕之功。勉强为之，任何的作态、作势、作秀，都只能是遗人笑柄而已。梁先生能达此水准和境界，是赖以广博的知识和阅历的，是有其雄厚的"康梁并称"的基础的。当然，梁先生的这一语言风格，和他的"发人深省的命题"一样，也都是可以学习的。但我们必须认识到不付出长期的孜孜砣砣的代价，是只有永远望洋兴叹的。

五、胡适·《中国公学 18 年级毕业赠言》

胡适(1891—1962)，字通之，原名洪辛，安徽绩溪人，中国著名学者。他早年反对文言文，提倡白话文，积极推进文化革命，是五四时期新文化运动最重要的几个代表人物之一。他是留美博士，对国事曾力举"全盘西化"，其"多研究些问题，少谈些主义"的主张和"大胆假设，小心求证"的研究方法，社会影响颇大。演说，是他常用的追求并体现自我人生价值的宣传方式。《中国公学 18 年级毕业赠言》，是他的一篇很有代表性的演说，极具个人品行和文化特色，现全文抄录于下：

诸位毕业同学：你们就要离开母校了，我也没什么礼物送给你们，只好送一句话罢。这一句话是："不要抛弃学问。"以前的功课也许一大部分是为了这张毕业文凭，不得已而做的。从今以后，你们可以依自己心愿去自由研究了。趁现在年富力强的时候，努力做一种专门学问。少年是一去不复返的，等到精力衰时，要做学问也来不及了。即为吃饭计，学问也决不会辜负人的。吃饭而不求学问，3 年 5 年之后，你们都要被后进少年淘汰的。到那时再想做点学问来补救，恐怕已太晚了。

有人说："出去做事之后，生活问题急需解决，哪有功夫去读书？即使要做学问，既没有图书馆，又没有实验室，哪能做学问？"我要对你们说：凡是要等到有了图书馆方才读书的，有了图书馆也不肯读书。凡是要等到有了实验室才做研究的，有了实验室也不肯做研究。你有决心要研究一个问题，自然会撙衣节食去买书，自然会想出法子来设置仪器。

至于时间，更不成问题。达尔文一生多病，不能多做工，每天只能做一点钟的工作。你们看他的成绩！每天花一点钟看 10 页有用的书，每年可看 3600 多页书，30 年读 11 万页书。

诸位，11 万页书足可以使你成为一个学者了，可是，每天看三种小报也得费你一点钟工夫；四圈麻将也得费你一点钟的光阴。看小报呢？还是打麻将呢？还是努力做一个学者呢？全靠你们自己的选择！

易卜生说："你的最大责任是把你这块材料铸造成器。"

学问便是铸器的工具。抛弃了学问便是毁了你自己。

再会了！你们的母校眼睁睁地要看你们 10 年之后成什么器。

（一）文如其人

我们这里看的是一篇演讲稿，所以说文如其人，其实也是"言"如其人。胡先生的"赠言"，委实是富有温文尔雅的品行和文化的个性的。我们觉得，如果把胡先生的演讲和前面所析梁先生的演讲比照着看，能够更好地说明问题，因为他们的语言风格各具鲜明而相对的特色，堪称有异曲同工之妙。倘以音乐作比较，那么梁先生的是"响遏行云"，胡先生的则是"余音绕梁"；倘以图画作比，那么梁先生的是一幅艳丽的油彩画，胡先生的则是一幅清新的水墨画。梁先生，风趣、昂扬、狂放；胡先生，真挚、温馨、厚重。一句话，梁先生，令人激动不已；胡先生，令人如被甘霖。然而，我们在敬佩梁先生的同时，似乎更亲近胡先生。

（二）以情感人

上面说胡先生文如其人，侧重于语言表现形式。这里说的以情感人，可视为另一种文如其人，是从内容上说的。他作为礼物送给毕业同学的一句话是"不要抛弃学问"。而这质朴的一句话，在这样的毕业之际，不是礼物，胜似礼物，重的就是一个"情"字！"趁现在年富力强的时候，努力做一种专门学问"，"即使为吃饭计，学问也决不会辜负人的"，"每天花一点钟看 10 页有用的书，每年可看 3600 多页书，30 年读 11 万页书"，这些话没有激扬的叹词叹号，没有所谓"闪光"之处，可却饱含深情，有如淙淙溪流，流经学子的心田……

胡先生的以情感人，还兼之以理，真正称得上是"谈言微中，名士风流。"比如关于"看小报"、"打麻将"的忧虑，就是他的情理交融之处。至于对"既没有图书馆，又没有实验室，哪能做学问"的回答——"凡是要等到有了图书馆方才读书的，有了图书馆也不肯读书。凡是要等到有了实验室才做研究的，有了实验室也不肯做研究"，那更是晓之以理，动之以情，推心置腹地向同学们讲述做学问的道理，恐怕听众无人不大为所动，深有所悟，高山仰止的。

那就让我们再聆听一次胡先生赠言的结尾吧——

学问便是铸器的工具，抛弃了学问便是毁了你自己。

再会了！你们的母校眼睁睁地要看你们 10 年之后成什么器。

谆谆教导，拳拳情意，殷殷期望。荀子曰："赠人以言，重于金石珠玉。"胡先生是真正实践实现了这话的。

六、鲁迅·《我观北大》

鲁迅（1881—1936），原名周树人，字豫才，浙江绍兴人，中国现代伟大的文学家、思想家和革命家。他早年留学日本，由学医转而从事文艺工作，企图改变国民精神。辛亥革命后，他曾任职国家政府教育部门，并兼在北大、北师大等校授课。他的短篇小说和杂文对社会影响很大，是新文化运动的旗手，有革命青年导师之誉，为中国革命文化事业做出了巨大贡献。演说方面，他也是一位卓尔不群、风骚独领的大家。据考证，从 1912 年到 1936 年间，他共发表演讲 67 次。但遗憾的是这些"或则犀角烛怪，或则肝胆照人"的演讲辞，大都散佚了。《鲁迅全集》中保存下来的共有 15 篇、气息风格与其杂文相类，篇幅多数比较短小。最长的是一篇学术演讲，约 4 万字，名为《魏晋风度及文章与药及酒之关系》，当时在学术界知识界反响极其强烈，演讲记录稿曾迅速在报纸上连载。《我观北大》，是他 1925 年在北大建校 27 周年纪念大会上的讲话，很能代表其演说的精髓。现全文抄录于下：

因为北大学生会的紧急征发，我于是总得对于本校的二十七周年纪念来说几句话。据一位教授的名论，则"教一两点钟的讲师"是不配与闻校事的，而我正是教一点钟的讲师。但这些名论，只好请恕我置之不理；——如其不恕，那么，也就算了，人那里顾得这些事。

我向来也不专以北大教员自居，因为另外还与几个学校有关系。然而不知怎的，——也许是含有神妙的用意的罢，今年忽而颇有些人指我为北大派。我虽然不知道北大可真有特别的派，但也就以此自居了。北大派么？就是北大派！怎么样呢？

但是，有些流言家幸勿误会我的意思，以为谣我怎样，我便怎样的。我的办法也并不一律。譬如前次的游行，报上谣我被打落了两个门牙，我可决不肯具呈警厅，吁请补派军警，来将我的门牙从新打落。我之照着谣言做去，是以专检自己所愿意者为限的。我觉得北大也并不坏。如果真有所谓派，那么，被派进这派里去，也还是也就算了。其理由在下面：

既然是二十七周年，则本校的萌芽，自然的发于前清的，但我连民国初年的情形也不知道。惟据近七八年的事实看来，第一，北大是常为新的，改进的运动的先锋，要使中国向着好的，往上的道路走。虽然中了许多暗箭，背了许多谣言；教授和学生也都逐年地有些改换了，而那向上的精神还是始终一贯，不见得弛懈。自然，偶尔也免不了有些很想勒转马头的，可是这也无伤大体，"万众一心"，原不过是书本子上的冠冕话。

第二，北大是常与黑暗势力抗战的，即使只有自己。自从章士钊提了"整顿学风"的招牌来"作之师"，并且分送金款以来，北大却还是给他一个依照彭允彝的待遇。现在章士钊虽然还伏在暗地里做总长，本相却已显露了；而北大的校格也就愈明白。那时固然也曾显出一角灰色，但其无伤大体，也和第一条所说相同。

我不是公论家，有上帝一般决算功过的能力。仅据我所感得的说，则北大究竟还是活的，而且还在生长的。凡活的而且在生长者，总有着希望的前途。

今天所想到的就是这一点。但如果北大到二十八年而仍不为章士钊者流所谋害，又要出纪念刊，我却要预先声明：不来多话了。一则，命题作文，实在苦不过；二则，说起来大约还是这些话。

十二月十三日

（一）写实的讽刺

鲁迅有《论讽刺》一文。他指出："其实，现在所谓讽刺作品，大抵到是写实。非写实决不能成为所谓'讽刺'"，"有好些真写事实的作者，就这样被蒙上了'讽刺家'——很难说是好是坏的头衔。"他还举例说，在交际场中，常可见这样的事实：两位胖胖的先生见面，彼此弯腰拱手，满嘴的"贵姓、敝姓"，"贵府、寒舍"，"台甫、草字"，"久仰久仰"……但如果谁把这些写进小说里，"恐怕大概要被算作讽刺"。他在这里强调了写实对于讽刺的重要。

然而，这里的问题是，你要能够"写实"。它和一般的叙述和描写肯定是不一样的，它需要你以强烈的主体意识记录客观事实，需要你有敏锐的觉察，去把握那稍纵即逝的包蕴人生哲理的生动社会现象，需要你如摄影艺术那样，通过图像、角度、光线的选择与组合，对事实现象加以批评。鲁迅正是这样的高手，比如1932年上海一二八事变后，他去北平辅仁大学演讲，说过这样一段话：

> 我那时看见日本兵不打了，就搬了回去，但忽然又紧张起来了。后来打听才知道是因为中国放鞭炮引起的。那天因为是月蚀，故大家放鞭炮来救她。在日本人意中以为在这样的时光，中国人一定全忙于救中国抑救上海，万想不到中国人却救的那样远，去救月亮去了。

无疑，这完全是写实，完全是"真写事实"。然而，它又是"讽刺"！对照鲁迅举的那交际场中的例子，很明显，一个讽刺了迂腐虚伪的封建遗风，一个讽刺了国民性中愚昧麻木的一面。而且，他自己的例子，他的写实，与前者的无奈与鄙夷不同，又显然是冷峻而沉重的讽刺。

这样的写实性讽刺，是鲁迅作品的重要特色，其杂文中是常见的，演说中也有不少。我们这里所以论及此点，正因为《我观北大》中也有这样的手法。在说及"北大派"也不坏的第二条理由时，先生将时任北洋政府教育总长的章士钊拎了出来，接着便又"真写事实"："提了'整顿学风'的招牌来'作之师'"，"并且分送金款"，"北大却还是给他一个依照彭允彝的待遇"，"虽然还伏在暗地里做总长，本相却已显露了"……

这一切，在今天的青年听来，自然不得要领，颇感迷茫。但对于当时北大的学生而言，对于了解"作之师"的学潮背景，了解"金款"的耻辱来由，了解彭允彝、章士钊被逐历史的人而言，先生的寥寥数语，则已活灵活现地勾勒出了章总长阴险、卑鄙、狼狈、可悲的人生丑态。其讽刺意味十分强烈，辛辣、尖刻得令仇者无地自容。

（二）捎带的冷嘲

成语中有"冷嘲热讽"，"冷嘲"与"热讽"本来互为补充，说"嘲笑"当然也是"讽刺"。但这里突出一个"冷"字，指的是讽刺嘲笑中冷峻、冷傲、冷厉的那一种。而"冷嘲"前又限之以"捎带"，则指鲁迅擅长的讽刺中另一独特的风景线。

所谓"捎带的冷嘲"，鲁迅的杂文中常有，是正题之外，加诸相关非主要对象的。它更具有"投枪"、"匕首"的特质，它表现出先生对论敌"决不宽恕"的韧性战斗精神。众所周知的一个例子是他和著名学者梁实秋之间的那个"死结"。事情发生于 1929—1930 年间，由梁著文批评他的"硬译"开始，并联系到"文学的阶级性"，其间有人斥责梁是"资本家的走狗"，于是梁说过这样的话：

> 我只知道不断的劳动下去，便可以赚到钱来维持生计，至于如何可以到资本家的账房去领英镑，如何可以到××党去领卢布，这一套本领，我可怎么能知道呢！

这一说可惹了大麻烦。这样的诋毁，当然激起鲁迅先生的愤懑。他随即发表著名杂文《"丧家的""资本家的乏走狗"》，对梁痛加挞伐，揭露其为济文艺批评之穷，指称论敌拥护前苏联和共产党，想借国民党之刀杀人的险恶用心。结果是，梁被批得体无完肤，大失脸面，"资本家的走狗"帽子没脱掉，反又显露出"丧家的"和"乏"的特点。然而，先生并没有就此罢休，后来还曾多次旁敲侧击"卢布"问题。不但杂文中如此，演说中亦如此。比如，1932 年底，事情已过去了两年，先生赴北京大学第二院发表《帮忙文学与帮闲文学》的讲演，其中说到汉代的司马相如不高兴到汉武帝身边"帮闲"，"常常装病不出去"的时候，就又捎带出了"卢布"：

> 至于究竟为什么装病，我可不知道，倘说他反对皇帝是为了卢布，我想大概是不会的，因为那个时候还没有卢布。

你看，鲁迅先生就是这样地不依不饶，就是这样地极尽讽刺挖苦之能事。这就是让梁实秋避之不及、大吃其亏的"捎带的冷嘲"。而大吃其亏的倒霉佬远不止梁一人，《我观北大》中就也有一位。此人虽不如梁有名，但也是教授级的，叫高仁山。先生在讲演中提到"据一位教授的名论，则'教一两点钟的讲师'是不配与闻校事的，而我正是教一点钟的讲师"，那教授指的就是他。

这"名论"是怎么来的呢？

1925 年，北京女子师范大学发生学潮，引起社会广泛关注，执政当局欲去之而后快，鲁迅则同情爱国学生，于是发文章，作演讲，坚持反对章士钊、杨荫榆之流压迫学生的行为和解散女师大的措施。高仁山，就是在这当口以卫道者的面目跳出来的。他发表《大家不管的女师大》一文，其中说道：

> 最奇怪的就是女师大的专任及主任教授都哪里去了？学校闹到这样地步，何以大家不出来设法维持？诸位专任及主任教授，顶好同学生联合起来，商议维持学校的办法，不要让教一点两点钟兼任教员来干涉你们诸位自己学校的事情。

如大家所知道的，鲁迅当时是国家教育部的佥事，并还在几所大学兼课。高氏这里说的"教一点两点钟兼任教员"，分明是指的先生，而且语气中颇有一点瞧他不起的意思。其实，那时先生的名望已经很高，虽无教授头衔，但追随崇拜者如过江之鲫，绝非高氏所能比的。高氏这完全是自以为是，自不量力，自取其辱。先生并不正眼看他，并没有像对梁实秋那样，专门针对他说什么，写什么，而只是"捎带着"刺了高几回。一回是在名为《"碰壁"之余》的文章里，夹在批陈西滢和李仲揆的当中，话似乎说得还比较客气：

> 对于女师大的事说了几句话，尚且因为不过是教一两点功课的讲师，"碰壁之后"，还很恭听了些高仁山先生在《晨报》上所发表的伟论。

这里揶揄的意味，是一看就明了的，不过字面上还是给留了面子。可这一回到北大来讲演，则不再客气了。"但这些名论，只好请恕我置之不理"，这已经是沉下了脸。可后面又接上一句："如其不恕，那么，也就算了，人哪里顾得这些事。"这是何意？相信高氏是听得出其中的"鄙薄"的——"恕不恕，都无所谓，就如苍蝇的嗡嗡声，谁顾得上呢？"而面对杀上门来的如此"捎带的冷嘲"，高氏便只有恨恨不已而又悔之不已了。先生的讽刺个性风景就是这样的鲜明，"捎带"得就是这样的"痛"和"冷"，而且又是这样的自然贴切和不着痕迹。我们应当潜心学习研究。

（三）超前的思想

鲁迅先生的演说中，还常表现出超前的思想认识，有宏观上的，也有微观上的，而从交际传播的角度看，其效果都是很好的。或感慨，或褒贬，或忧虑，却总能扣人心弦，启人心智。但须指出，先生的超前思想认识，又往往是和其语言上惯有的含蓄和隐晦相联系的，即可能披有模糊的外衣，我们应当注意细加推敲。

《我观北大》中就有这样的例子。演说末尾先生在声明明年"不来多话"后，讲了两点原因："一则，命题作文，实在苦不过；二则，说起来大约还是这些话。"乍一听，似乎先生是在客气，其实不然。"一则"倒是说的实情，而"二则"则绝非字面上的意思。我们认为，这实质上表达了先生一种深广的忧虑，所谓超前思想认识，这时就是他对时局发展的不乐观的估计。试看内外交困，恶人当道，国无宁日，百姓受难，还这样下去，一年后又怎能有大的变化呢？要说，难道不"大约还是这些话"吗？

我们这样分析和理解鲁迅的这句话，是还有其他根据的。那就是关于学生爱国运动，鲁迅当时并不赞成学生总是以血肉之躯去殉自己的主义，他也看不出学生运动能有什么直接实在的效果。先生这方面的思想超前，表现于对武装斗争的渴望与呼唤。他后来在黄埔军官学校有过一次讲演，题目是《革命时代的文学》，其中说过"天天呐喊，叫苦，鸣不平，而有实力的人仍然压迫，虐待，杀戮"的话，末尾又表白："我呢，自然倒愿意听听大炮的声音，仿佛觉得大炮的声音要好听得多似的。"

如果把先生的这两次演讲联系起来看，问题就很清楚了。对于那时的青年学生来说，如果他们感受到了先生的那种忧虑，那么，他们就会和先生一样急切地去思索未来，去思索如何改变向旧世界斗争的方法和策略。而这则又从一个侧面告诉我们，在交际传播中，受传者对传播者话语的推敲，受传者这样的分析和理解也是不可忽略的，也是决定交际传播效果的重要因素。

七、闻一多·《最后一次的演讲》

闻一多（1899—1946），原名家骅，湖北浠水人。他是清华学子，后又赴美深造三年。1925 年回国后，先大力倡导新格律诗，成为"新月诗派"主要代表之一，后潜心研究中国古代文化和古典文学。20 世纪 40 年代，他积极投身爱国民主运动，1946 年 7 月 15 日被国民党特务暗杀于昆明。他又是一位杰出的演说家，这篇《最后一次的演讲》是他的惊天地、泣鬼神的绝唱，多年来广为传播，影响很大。现全文照录于下：

这几天，大家晓得，在昆明出现了历史上最卑劣最无耻的事情！李先生究竟犯了什么罪，竟遭此毒手？他只不过用笔写写文章，用嘴说说话，而他所写的，所说的，都无非是一个没有失掉良心的中国人的话！大家都有一支笔，有一张嘴，有什么理由拿出来讲啊！有事实拿出来说啊！（闻先生声音激动了）为什么要打要杀，而且又不敢正大光明地来打来杀，而偷偷摸摸地来暗杀！（鼓掌）这成什么话？（鼓掌）

今天，这里有没有特务？你站出来！是好汉的站出来！你出来讲！凭什么要杀死李先生？（厉声，热烈的鼓掌）杀死了人，又不敢承认，还要诬蔑人，说什么"桃色事件"，说什么共产党杀共产党，无耻啊！无耻啊！（热烈的鼓掌）这是某集团的无耻，恰是李先生的光荣！李先生在昆明被暗杀，是李先生留给昆明的光荣！也是昆明人的光荣！（鼓掌）

去年"一二·一"昆明青年学生为了反对内战，遭受屠杀，那算是青年的一代献出了他们最宝贵的生命！现在李先生为了争取民主和平而遭受了反动派的暗杀，我们骄傲一点说，这算是像我这样大年纪的一代，我们的老战友，献出了最宝贵的生命！这两桩事发生在昆明，这算是昆明无限的光荣！（热烈的鼓掌）

反动派暗杀李先生的消息传出以后，大家听了都悲愤痛恨。我心里想，这些无耻的东西，不知他们是怎么想法，他们的心里是什么状态，他们的心怎样长的！（捶击桌子）其实很简单，他们这样疯狂地来制造恐怖，正是他们自己在慌啊！在害怕啊！所以他们制造恐怖，其实是他们自己在恐怖啊！特务们，你们想想，你们还有几天？你们完了，快完了！你们以为打伤几个，杀死几个，就可以了事，就可以把人民吓倒了吗？其实广大的人民是打不尽的，杀不完的！要是这样可以的话，世界上早没有人了。

你们杀死一个李公朴，会有千百万个李公朴站起来！你们将失去千百万的人民！你们看着我们人少，没有力量？告诉你们，我们的力量大得很，强得很！看今天来的这些人，都是我们的人，都是我们的力量！此外还有广大的市民！我们有这个信心：人民的力量是要胜利的！真理是永远存在的。历史上没有一个反人民的势力不被人民毁灭的！希特勒、墨索里尼，不都在人民之前倒下去了吗？翻开历史看看，你们还站得住几天！你们完了，快完了！我们的光明就要出现了。我们看，光明就在我们眼前，而现在正是黎明之前那个最黑暗的时候。我们有力量打破这个黑暗，争到光明！我们的光明，就是反动派的末日！（热烈的鼓掌）

李先生的血不会白流的！李先生赔上了这条性命，我们要换来一个代价。"一二·一"四烈士倒下了，年青的战士们的血换来了政治协商会议的召开，现在李先生倒下了，他的血要换取政协会议的重开！（热烈的鼓掌）我们有这个信心！（鼓掌）

"一二·一"是昆明的光荣，是云南人民的光荣。云南有光荣的历史，远的如护国，这不用说了，近的如"一二·一"，都是属于云南人民的。我们要发扬云南光荣的历史！（听众表示接受）反动派挑拨离间，卑鄙无耻，你们看见联大走了，学生放暑假了，便以为我们没有力量了吗？特务们！你们错了！你们看见今天到会的一千多青年又握起手来了，我们昆明的青年决不会让你们这样蛮横下去的！

反动派，你看见一个倒下去，可也看得见千百个继起的！

正义是杀不完的，因为真理永远存在！（鼓掌）

历史赋予昆明的任务是争取民主和平，我们昆明的青年必须完成这任务！

我们不怕死，我们有牺牲的精神！我们随时像李先生一样，前脚跨出大门，后脚就不准备再跨进大门！（长时间热烈的鼓掌）

1946 年 7 月 11 日，著名的爱国民主运动的领袖、全国各界救国联合会七君子之一的李公朴，在昆明惨遭国民党特务杀害。7 月 15 日上午，云南各界在云南大学至公堂召开李公朴先生追悼会，闻一多不顾个人安危，毅然出席并主持了大会。会上，李公朴夫人报告李公朴遇难经过，因过度悲痛而泣不成声……此时闻先生拍案而起，以震撼山河的气势，发表了这篇著名的即兴演讲。而殊不料几小时后，昆明又上演了一出中外震惊的历史悲剧——当天下午，闻一多先生在回家的路上亦惨遭国民党特务杀害，而且是喋血于美式冲锋枪下的。

（一）精神力量的感召

"人生自古谁无死，留取丹心照汗青。"了解了上述历史背景，我们认识到：闻一多先生的《最后一次的演讲》，所以在现场高潮迭起，听众报以 10 余次热烈掌声，而其后又广为传播，影响很大，首先是因为他的高风亮节所包含的精神力量的感召。这次讲演，实质上是一篇挞伐国民党反动派的战斗檄文。当时，春城政治舞台上阴霾密布，形势十分危险，他本可以暂时避开，但是他却选择了斗争，"前脚跨出大门，后脚就不准备再跨进大门！"义无反顾地走向了生命的终点。他的这种为民族为国家不惜牺牲一切的高风亮节，势必产生巨大的精神感召力，每一个有良知的中国人，在听了看了他的演讲之后，在感受他的死给生活带来的空白之时，都必然热血沸腾，慷慨悲歌！也正因为如此，毛主席当年亦感佩不已，给他以极高的评价："我们中国人是有骨气的"，"闻一多拍案而起，横眉冷对国民党的手枪，宁可倒下去，不愿屈服。""我们应当写闻一多颂"，因为他"表现了我们民族的英雄气概。"

（二）激情表达的感染

除了精神力量的感召，本篇演讲所以成功，还离不开闻先生那充满激情的表达。这种激情表达对人们的感染，即使在今天依然是浓烈而持久地伴随着我们欣赏的全过程。而其具体表现主要有两点：

第一点，紧扣"昆明"，传受双方互动。

"惨案"发生在昆明，演讲也在昆明，演讲中提及昆明似乎是理所当然的。但问题在于，你的提及是一般地在叙述中起交代地点的作用呢？还是特意地借地点做文章，借地点影响受众的心理，增强对受众的感染力呢？闻先生显然选择了后者。他在短短约1500字的即兴演讲中，先后6次提及昆明，提及昆明人和昆明青年。除了第一次属于前者外，其余5次都是后者。比如，第二节中就说："李先生在昆明被暗杀，是李先生留给昆明的光荣！也是昆明人的光荣！"接着，又把李先生和上年"一二·一"昆明青年遭屠杀联系起来，指出："这两桩事发生在昆明，这算是昆明无限的光荣！"讲演结尾处又发出号召；"历史赋予昆明的任务是争取民主和平，我们昆明的青年必须完成这任务！"讲演能否成功，其现场氛围十分重要。如此以激越的情感和语调，多次将讲演主题与受众相融合，受众就不再是被动地听讲，而会从心理上进入演讲的主题，那氛围也就是最理想的演讲者与受众互动的氛围了。

第二点，直呼敌人，突显口语特色。

激情的表达与句式的选择是分不开的。要想有效地表达激情，须注意充分发挥口语特点，选用短句，选用感叹句和反问句。闻先生的这篇演讲中，就多有这样的句式，不时直呼敌人，或感叹，或反问，使得演讲跌宕起伏，攫人心目。比如，"今天，这里有没有特务？你站出来！是好汉的站出来！你出来讲，凭什么要杀死李先生？"再如，"特务们，你们想想，你们还有几天？你们完了，快完了！你们以为打伤几个，杀死几个，就可以了事，就可以把人民吓倒了吗？其实广大的人民是打不尽的，杀不完的！"还有，"反动派，你看见一个倒下去，可也看得见千百个继起的！"……这些直呼敌人的精悍短句，似匕首，似投枪，痛快淋漓地直刺敌人的心脏，充分表现了闻先生革命的大无畏精神。我们要学习闻先生的精神。闻先生这样的口才，我们也应当认真学习。

八、冯玉祥·《国庆演讲词》

冯玉祥（1882—1948），字焕章，安徽巢县人，中国国民党爱国将领。他行伍出身，经历了从辛亥革命到抗日战争的漫长战乱岁月，曾担任国民党政府行政院副院长兼军政部长等要职。因与蒋介石长期政见不合，1946年被迫出洋考察。在美国两年中，到处奔走演讲，反对国民党发动内战，反对美帝援蒋反共。《国庆演讲词》是他在美演说的代表作品。1947年10月10日晚，中国留学生在美国哥伦比亚大学举行中华民国建国37周年纪念大会，冯玉祥应邀出席大会，并发表了这篇当时在国内外引起轰动的著名演说。此作两点赏析如下：

（一）清除诚信障碍

人们的交际交流中，常会因为某些客观原因的影响，使得传播者的诚信度发生危机，即受众有理由怀疑其言论的根据和目的。比如，一个被捉小窃贼的父亲，向有关方面说明他孩子是初犯，或者一个不幸受伤者的妻子，向有关方面证实她丈夫是因见义勇为而受伤，即使他们所说的并非虚言，他们的客观存在的身份，也将决定他们的话是很难被采信的。因此，交际交流中，预先滤出那些不利客观因素即障碍，并在讲话时先行清除，对于保证交际交流效果是十分重要的。冯将军的《国庆演讲词》并篇后的两段，正是出于这样的考虑：

> 在说别的话之前，我先回答两个问题。有人说："冯玉祥是政府派出来的，为什么批评南京政府贪污无能，压迫人民打内战？"你们想想，如果我说南京政府非常清廉，没有杀学生，没有捕学生，没有征兵征粮，没有抢米的风潮……你们看可会有人相信？人家会指着冯玉祥骂，说我不讲良心话。

> 又有人说："你和蒋先生是好朋友，做国府委员和常务委员就是20年。有话为什么不当面说？俗话说家丑不可外扬。"大家不知道，我不是不说，我是"知无不言，言无不尽"，不但说了，而且每次说了以后，还加上一封信。我出版了一本《冯蒋书简》，看了就知道我一切的话都说完了。说了人家不听，如今我不能不向全国同胞说话，向全世界人民说话。我们看训政训了20年，实在不是国民党训政，而是一个人和少数几个人的训政。

冯将军是国民党内举足轻重的人物，此次出洋也确实是政府公派的，并且有具体的"考察水利"的任务。这样，在社会上，在各国华侨中，就可能出现冯将军以两个"有人说"概括的负面舆论。他要发表演讲，要宣传自己反蒋反内战的主张，为效果计，就必须先消弭这些舆论，让人们了解他是不得"不讲良心话"，了解他并非"不当面说"，故意外扬家丑，而是"一切的话，都说完了。说了人家不听"，所以"不能不向全国同胞说话，向世界人民说话。"我们认为，"在说别的话之前，我先回答两个问题"，这正是冯将军的超凡表现。须知，是否"回答"这两个问题，演讲的效果绝对是不一样的。而管中窥豹，可见一斑，他虽行伍出身，却精于思辨，娴于辞令，文武兼备！

（二）综合腐败事实

清除了诚信障碍之后，又着重综合国民政府的腐败事实，是本篇演讲扣动人心，产生轰动影响的另一重要原因。而关于演说中事实的运用，前面的赏析已两次提及，但它们之间是有差异的，是各有其讲究追求的。黄兴的事实举例，讲究的是所举事实要与受众有密切、对应的联系；秋瑾的事实举例，追求的是让司空见惯的琐碎生活现象产生振聋发聩的作用。冯将军的事实举例呢？他讲究、追求的是什么呢？

请先看这样一段：

抗战胜利之后，中国曾经有实现和平民主的好机会，国际地位是世界上四大列强之一。可是中国的统治者，抛弃这个从古未有的机会，一意孤行。结果，中华民国过去36年，从来也没有像今天这样危险过，老百姓的生活从来也没有像今天这样痛苦过。现在国际地位一落千丈，一个堂堂正正的战胜国，反而不如一个战败的日本。一切和平和赔款到现在还没有弄清楚，反而被逼迫地和日本通商，又作日本经济侵略的牺牲品。通货膨胀绝对空前，物价比战前高涨了4万多倍，财政8个月就亏空30万亿元，在全世界数第一位。贪污不法的事情，最著名的像中央信托局、扬子公司、孚中公司、行政院善后救济总署，外国报纸早把舞弊的情况，登载得清清楚楚，到今天没有听见严厉惩办。今年夏初，南京学生肚子饿了，抬着纸制的大饭碗游行，被军警狂暴地打一顿。武汉大学的同学们睡梦中糊里糊涂便被打死了三个。各大都市的学生，很多都遭到特务的摧残。教授们吃不饱饭没有人管，说两句公道话便被解聘。公务员枵腹从公，好的公务员，像北平的余心清少将等，是好的基督教徒，是好的美国留学生，在重庆是最廉洁的赈济委员会常务委员，只因为说真话，主张和平，便被特务逮捕了。工矿企业家想做一点正当企业，不是关门，就是奄奄一息。工人工资永远追不上物价。最苦的当然还是农民，壮丁拉去当炮灰，粮食拿去当军粮了，苛捐杂税一齐加在农民身上，人为的水旱虫灾，吞噬了2200万的农民。

相比较于黄兴先生和秋瑾女士，冯将军的事实举例更强调典型性代表性，讲究、追求的是一种理性的综合。1947年底时的国民政府统治，已经是千疮百孔，腐败无能的个案则铺天盖地，多如牛毛。演讲中要说完整说清楚这一现象，就必须进行高度凝练的概括与综合。分析上面的引文，我们可以明白看出这一点，其内容既有纵向的递进，又有横向的并列。纵向上，从抗日战争胜利直说到当年夏秋之交。横向上，则摄取了政治和生活的方方面面，你看，"国际地位一落千丈"，"通货膨胀绝对空前"，"贪污不法未见惩办"，"南京武汉学生被打被杀"，"清正廉洁官员反被逮捕"，"正当工矿企业奄奄一息"，"2200万农民惨遭人祸吞噬"……

如此等等，令人闻而失色，见而惊心，这样理性的综合能不引起社会震动？

九、周恩来·《万隆演讲》

周恩来（1898—1976），字翔宇，浙江绍兴人，生于江苏淮安，中国无产阶级革命家、政治家、军事家和外交家，中国共产党和中华人民共和国卓越的领导人。早年，他在黄埔军校、西安事变、国共谈判各时期中，就展示出杰出的雄辩才能。建国后，他又在世界舞台上纵横捭阖，折冲樽俎，是世界上公认的极富个人魅力的外交家、宣传家和演讲家。《万隆演讲》是1955年4月19日，他在印度尼西亚万隆会议上的一个讲话。当时，与会的有亚非29个从殖民主义压迫下新独立的国家和地区，主题是讨论国际形势和有关亚非国家共同利害关系问题。但会议进程中出现了一些不和谐的反华现象，于是周恩来果断决定将原定的发言改用书面散发，临时增加了这一后来著称于世的补充性讲话。整篇演讲主题鲜明、逻辑严密、气势贯通，我们这里拟就表达技法做两点具体赏析：

（一）以退为进

以退为进，似退实进，这是高层次高标准交际语言艺术的表现。交际实践中，交际双方常会在言语上固执己见，相持不下，其结果往往是面红耳赤，不欢而散。但有时也会出现这样的情形：其中一方转换角度，曲意迂迴，改变说法，结果竟达到了原本的目的，甚至超出预想。这便是所谓"以退为进"，《万隆演讲》中就有这样妙不可言的一段：

> 本来，对于美国一手造成的台湾地区的紧张局势，我们很可以在这里提出如同前苏联所提出的召开国际会议谋求解决的议案，请求会议加以讨论。中国人民解放自己领土台湾和沿海岛屿的要求是正义的，这完全是内政和行使自己的主权，并得到许多国家的支持。我们也可以提议会议讨论承认和恢复中华人民共和国在联合国的合法地位问题。去年，科伦坡五国总理会议，还有亚非其他国家，都曾经支持中华人民共和国在联合国的地位。而且，中国在联合国所受的不公正待遇，也可以在这里提出批评。但是，我们并没有这样做，因为这样一来，就很容易使我们的会议陷入对这些问题的争论而得不到解决。

　　从字句表面上看，从话的说法上看，此段显然是一种"退"。你看，"台湾的主权"问题也好，"联合国的合法地位"问题也好，"中国在联合国所受的不公正待遇"问题也好，我们原本完全都可以向大会提出并要求讨论解决，可我们却为大会顺利进行考虑而没有提出，我们还不够宽宏大量吗？这难道还不是"退"吗？

　　然而，这里有一点要注意：上述问题在原定的发言中的确是没有的。如果会议能够正常顺利地进行，那就不可能在会议上说到这些问题。但在会议阴风突起，有人公然向中国挑衅的情况下，巧作变换，借题发挥，以这样的说法提出这些问题，不正是一种"进"吗？此外，正因为这样一说，正因为有了这一补充讲话，更好更充分地展示了我们宽广的胸怀和团结发展的诚意，粉碎了那些卑鄙无耻的造谣中伤，赢得了绝大多数与会亚非国家的信任与支持，不更是一种"进"吗？

　　(二)柔中见刚

　　话要真正说得柔中见刚，绝非任何人随意可得。它也属于高层次高标准的艺术表现。因为这"柔"，须柔得自然、体面、大方，而不能显现出软弱与卑怯；这"刚"，则又应当是韧性的、内敛的，而不可棱角分明，锋刃逼人。1946年末，国共谈判破裂，周恩来率中共代表团离开南京，在机场向送行的人告别时，他说过这样一句话："再见之期，当在不远。"这就是真正的典型的"柔中见刚"——表面上，完全是劝慰友人、依依惜别之语，无疑堪称"柔"，而话中又分明透露出对时局的乐观，透露出他的自信和坚决，岂不正是"刚"？

　　前面赏析的"以退为进"一段，其实也是一种"柔中见刚"。那"退"的外衣，就是"柔"；那"进"的实质，就是"刚"。下面我们再看一种《万隆演讲》中的没有"退"的外衣的"刚"：

　　　　我们共产党人从不讳言我们相信共产主义和认为社会主义制度是好的。但是，在这个会议上用不着来宣传个人的思想意识和各国的政治制度，虽然这种不同在我们中间显然是存在的。

　　请注意引文中的"不讳言"。类似的说法，还有"不隐瞒"、"不回避"、"不顾忌"等。交际中，人们常把它们用在某种思想情感前，起到一种"柔"的作用，让对方相对易于承受。比如，你与某人不和，直接说"我对你有意见"，就肯定不如说"我不隐瞒我对你有意见"效果好。再如，假使你路遇"情敌"，是直接说"我爱她"好，还是说"我不讳言"或者"我不隐瞒""我爱她"好呢？答案肯定是后者好，前者吵起来甚至打起来的可能要大得多。然而，不论是哪个例子，其中"有意见"和"我爱她"的"刚"性又都是不变的。所以说，引文中的第一句话也是"柔中见刚"的。而且，如果与第二句中的"虽然这种不同在我们中间显然是存在的"联系起来看，则其"刚"性的程度又要更进一步，让人感到了"认为社会主义制度就是好"的更重的分量。

十、毛泽东·《中国人民站起来了》

毛泽东(1893—1976)，字润之，湖南湘潭韶山人，中国无产阶级革命家、政治家、军事家，中国人民的伟大领袖。由于身份和地位的特殊，他一生所做的演讲是难以计数的，产生的影响是巨大的。《中国人民站起来了》是他于新中国诞生前夕在中国人民政治协商会议第一届全体会议上一篇震动世界的讲话。

全篇照录如下：

诸位代表先生们，全国人民所渴望的政治协商会议现在开幕了。

我们的会议包括六百多位代表，代表着全中国所有的民主党派，人民团体，人民解放军，各地区，各民族和国外华侨。这就指明，我们的会议是一个全国人民大团结的会议。这种全国人民大团结之所以能够成功，是因为我们战胜了美帝国主义所援助的国民党反动政府。在三年多的时间内，英勇的世界上少有的中国人民解放军，战胜了美国援助的国民党反动政府所有的数百万军队的进攻，并使自己转入反攻和进攻。现在，数百万人民解放军的野战军已经打到接近台湾，广东，广西，贵州，四川和新疆的地区去了，中国人民的大多数已经获得解放。在三年多的时间内，全国人民团结起来，援助人民解放军，反对了自己的敌人，取得了基本的胜利。在这个基础上，召开了今天的人民政治协商会议。

我们的会议之所以称为政治协商会议，是因为三年以前我们曾和蒋介石国民党一道开过一次政治协商会议。那次会议的结果是被蒋介石国民党及其帮凶们破坏了，但是已在人民中留下了不可磨灭的印象。那次会议证明，和帝国主义的走狗蒋介石国民党及其帮凶们一道，是不能解决任何有利于人民的任务的。即使勉强地做了决议也是无益的，一待时机成熟他们就要撕毁一切决议，并以残酷的战争反对人民。那次会议的惟一收获是给了人民以深刻的教育，使人民懂得：和帝国主义的走狗蒋介石国民党及其帮凶们决无妥协的余地，或者是推翻这些敌人，或者是被这些敌人所屠杀和压迫，二者必居其一，其他的道路是没有的。中国人民在中国共产党的领导之下，在三年多的时间内，很快地觉悟起来，并且把自己组织起来，形成了全国规模的反对帝国主义、封建主义、官僚资本主义及其集中的代表者国民党反动政府的统一战线，援助人民解放战争，基本上打倒了国民党反动政府，推翻了帝国主义在中国的统治，恢复了政治协商会议。

现在的中国人民政治协商会议是在完全新的基础之上召开的，它具有代表全国人民的性质，它获得全国人民的信任和拥护。因此，中国人民政治协商会议宣布自己执行全国人民代表大会的职权。中国人民政治协商会议在自己的议程中将要制定中国人民政治协商会议的组织法，制定中华人民共和国中央人民政府的组织法，制定中国人民政治协商会议的共同纲领，选举中国人民政治协商会议的全国委员会，选举中华人民共和国中央人民政府委员会，制定中华人民共和国的国旗和国徽，决定中华人民共和国国都的所在地以及采取和世界大多数国家一样的年号。

诸位代表先生们，我们有一个共同的感觉，这就是我们的工作将写在人类的历史上，它将表明：占人类总数四分之一的中国人从此站立起来了。中国人从来就是一个伟大的勇敢的勤劳的民族，只是在近代是落伍了。这种落伍，完全是被外国帝国主义和本国反动政府所压迫和剥削的结果。一百多年以来，我们的先人以不屈不挠的斗争反对内外压迫者，从来没有停止过，其中包括伟大的中国革命先行者孙中山先生所领导的辛亥革命在内。我们的先人指示我们，叫我们完成他们的遗志。我们现在是这样做了。我们团结起来，以人民解放战争和人民大革命打倒了内外压迫者，宣布中华人民共和国成立了。我们的民族将从此列入爱好和平自由的世界各民族的大家庭，以勇敢而勤劳的姿态工作着，创造自己的文明和幸福，同时也促进世界的和平和自由。我们的民族将再也不是一个被人侮辱的民族了，我们已经站起来了。我们的革命已经获得全世界广大人民的同情和欢呼，我们的朋友遍于全世界。

我们的革命工作还没有完结，人民解放战争和人民革命运动还在向前发展，我们还要继续努力。帝国主义者和国内反动派决不甘心于他们的失败，他们还要作最后的挣扎。在全国平定以后，他们也还会以各种方式从事破坏和捣乱，我们务必不要松懈自己的警惕性。

我们的人民民主专政的国家制度是保障人民革命的胜利成果和反对内外敌人的复辟阴谋的有力的武器，我们必须牢牢地掌握这个武器。在国际上，我们必须和一切爱好和平自由的国家和人民团结在一起，首先是和前苏联及各新民主国家团结在一起，使我们的保障人民革命胜利成果和反对内外敌人复辟阴谋的斗争不致处于孤立地位。只要我们坚持人民民主专政和团结国际友人，我们就会是永远胜利的。

人民民主专政和团结国际友人，将使我们的建设工作获得迅速的成功。全国规模的经济建设工作业已摆在我们面前。我们的极好条件是有四万万七千五百万的人口和九百六十万平方公里的国土。我们面前的困难是有的，而且是很多的，但是我们确信：一切困难都将被全国人民的英勇奋斗所战胜。中国人民已经具有战胜困难的极其丰富的经验。如果我们的先人和我们自己能够渡过长期的极端艰难的岁月，战胜了强大的内外反动派，为什么不能在胜利以后建设一个繁荣昌盛的国家呢？只要我们仍然保持艰苦奋斗的作风，只要我们团结一致，只要我们坚持人民民主专政和团结国际友人，我们就能在经济战线上迅速地获得胜利。

随着经济建设的高潮的到来，不可避免地将要出现一个文化建设的高潮。中国人被人认为不文明的时代已经过去了，我们将以一个具有高度文化的民族出现于世界。

我们的国防将获得巩固，不允许任何帝国主义者再来侵略我们的国土。在英勇的经过了考验的人民解放军的基础上，我们的人民武装力量必须保存和发展起来。我们将不但有一个强大的陆军，而且有一个强大的空军和一个强大的海军。

让那些内外反动派在我们面前发抖罢，让他们去说我们这也不行那也不行罢，中国人民的不屈不挠的努力必将稳步地达到自己的目的。

在人民解放战争和人民革命中牺牲的人民英雄们永垂不朽！

庆贺人民解放战争和人民革命的胜利！

庆贺中华人民共和国的成立！

庆贺中国人民政治协会议的成功！

（一）生动活泼的语言

"中国人民站起来了"，这个题目就充分显示了口语化的特色，极具形象感，很生动，很活泼。这一点，对于政治家、理论家来说，尤为可贵，因为政治理论的东西容易教条而枯燥。

毛主席历来重视这一点，在《改造我们的学习》、《反对党八股》、《在延安文艺座谈会上的讲话》等著名论著中，曾反复强调，并身体力行之。比如，他曾批评学习上的主观主义者，指出他们"或作演讲，则甲乙丙丁、一二三四一大串；或做文章，则夸夸其谈的一大篇"。他在讽刺党八股时，除使用了那给人极深印象的"像个瘪三"和"懒婆娘的裹脚"的比喻外，还曾说过一段引发与会者大笑的话："党八股也是一种洋八股。这洋八股，鲁迅早就反对过的。我们为什么又叫它党八股呢？这是因为它除了洋气之外，还有一点土气。也算一个创作吧！谁说我们的人一点创作也没有呢？这就是一个！"他还曾就文艺工作者熟悉生活问题，直接而尖锐地指出了语言方面的错误现象："什么是不懂？语言不懂，就是说，对于人民群众的丰富的生动的语言，缺乏充分的认识。许多文艺工作者由于自己脱离群众，生活空虚，当然也就不熟悉人民的语言，因此他们的作品不但显得语言无味，而且里面常夹着一些生造出来的和人民的语言相对立的不三不四的词句。"……总之，从理论到实践，毛主席都十分注重说话作文的语言生动活泼问题。即使是政治性、理论性很强的主题中心，他的表达亦时有生动活泼之处，《中国人民站起来了》的结尾就又显露出这一特色："让那些内外反动派在我们面前发抖罢，让他们去说我们这也不行那也不行罢"……

（二）准确有力的修饰

这是和逻辑相关的语言问题，请再看一下《中国人民站起来了》中的两句话：

在三年多的时间内，英勇的世界少有的中国人民解放军，战胜了美国援助的国民党反动政府所有的数百万军队的进攻，并使自己转入反攻和进攻。

这种落伍，完全是被外国帝国主义和本国反动政府所压迫和剥削的结果。

前例先明确了时间上的"三年多"，接着在中国人民解放军前有"英勇"和"世界少有"两个修饰成分，而后在"进攻"前又叠加有三个修饰成分："数百万军队"、"国民党反动政府"和"美国援助"。如此，修饰鲜明，对比强烈，有力地体现了人民解放军的强大。结末一句，"攻"之前又特意区别地饰以

"反"和"进"，其准确有力，更是令人诚服。

至于后例，"结果"前的种种修饰也是恰如其分，要素突出，准确而有力的。"完全"，强调了原因的所有性和无它性；"外国帝国主义"与"本国反动派"，则宽泛地包括了一个多世纪以来中外两方面的系列反动力量；"压迫"和"剥削"，又从政治和经济两个不同层面进行了完整的概括。如此逻辑思维上的严密性，的确值得我们好好体味与学习。

（三）震撼人心的内容

全国人民的解放，新中国的成立，这是辛亥革命后近半个世纪以来中国最重要的历史事件。所以，《中国人民站起来了》能震动世界，首要的原因，还在于它的政治变革的蕴含，在于它的史无前例震撼人心的革命内容。毛主席在全国政协讲坛上的这一演讲，实质上是站在一个伟大的历史转折点上，回顾过去，展望未来，指点江山。他指出，中国革命已经"取得了基本的胜利"；中国人民要想站起来，就必须和"帝国主义及其走狗"进行"决无妥协"的斗争；中国人民要想站得住，就要"坚持人民民主专政和团结国际友人"。同时，他还规定了新的政协会议的性质和任务，描绘了一幅新中国经济建设、文化建设和国防建设的宏伟蓝图，人们听了怎能不豪情满怀，欢欣鼓舞？

第三章　交际语言艺术的非语言因素

第一节　非语言因素的交际作用

　　什么是交际语言艺术？我们前面说过，它主要是指人们交际实践中表现出来的具有创造性和普遍性的能取得显著实际效果的口头表述方式方法。我们所以这样说，所以要限之以"主要"，正因为所谓"口头表述方式方法"，即交际中的语言言语因素和交际的显著效果之间，并不是绝对地存在充分的因果关系，或者说，许多情况下，它并非"能取得显著交际效果"的全部因素。人们要想控制、把握、驾驭交际，还应当注意一系列非语言因素，在需要的时候，及时且得当地将非语言因素和语言因素共同作用于交际的过程。否则，即使语言因素无一瑕疵，口头表述方式方法堪称完美，也不一定能取得预想的显著效果，达到交际的目的。

　　关于非语言因素的研究，西方国家由于交际、口才和公关方面的研究开展得早，早在 20 世纪中叶便有多种著作问世，研究方向涉及教学、企管、护理、面试等多个领域。其中，最具权威最有代表性的人物，当数美国著名心理学家艾伯特·梅拉比恩。他指出：一次口头沟通，其信息传达的主要凭借并不是语词，而是声音和表情姿态。他还列出了三者的比例：语词，7%；声音，38%；表情姿态，55%。我们认为，在人际非书面对面交流中，这样的现象的确是普遍存在的。很多情况下（传达专业信息除外），如果我们只倾听语词，我们就会失去大量的信息。甚至，有时语词还可能传达错误的信息，信息源的真实意义须由非语言成分表达。比如，一句"我太欣赏你了！"它可能是由衷的赞叹，但也完全可能是强烈的讽刺与不屑。显然，要保证交流准确成功，语言言语以外的因素是忽略不得的！

　　那么，交际过程中应当注意哪些语言言语以外的因素呢？交际语言艺术究竟与哪些非语言因素相关联呢？西方研究中有人把它们分为三类：表情体态、空间环境、人体触摸。表情体态又分为三个子类：面部表情、动作姿势、仪态服饰。我们借鉴此说，并综合我国语言学界的研究，将交际语言艺术非语言因素的主要内容表述为这样六个方面：知识因素、环境因素、心理因素、势态因素、语调因素和副语言因素。

第二节　非语言因素的类别概说

一、知识因素

关于知识因素，首先需要指出的是，这里所说的"知识"，其含义为语言言语以外的知识，是相对于字、词、句，音、形、义，语法修辞，篇章结构等系列知识而言的。如此划分，目的在于强调：言语交际效果之取得，往往不仅仅取决于交际者语言言语本身方面的知识，而且还取决于交际者其他方面的知识。知识是一切技能的基础。干什么，都需要相关知识，言语交际也是如此。进行某专业方面的交际，无疑不可缺少该专业的知识；进行一般的普通的社会交际，则不可缺少宽广的人文社科知识的学习与储备。一个人的社会交际能力的高低，言语交际效果的好差，通常是与他具有的政治、经济、历史、地理、文学、艺术、体育等领域的知识的多寡与深浅成正比的。一席激动人心的对话，一场充满言语艺术的交际，是肯定有其丰富而扎实的知识背景的。

在 20 世纪 90 年代著名的"狮城舌战"中，复旦大学队在半决赛中的对手是悉尼大学队，辩题是"艾滋病是医学问题还是社会问题"。为阐明"单靠医学手段不能征服艾滋病"的观点，复旦大学的三辩在自由辩论中侃侃说道："在非洲一些地方，艾滋病已经造成了'千山鸟飞绝，万径人踪灭'，对方难道还要让医学这个'孤舟蓑笠翁'来'独钓寒江雪'吗？"如此巧妙的词语移植与语义转换，当时赢得了异常热烈的掌声，获得了全场轰动的效果。而究其原因，当然在于这位三辩原本对唐人柳宗元的名诗《江雪》的欣赏和感悟，在于他肯定具有相对深厚的古诗词修养。

与复旦大学这位三辩的事例相比，被誉为"新时期青年导师"的著名演说家首都师范大学教授李燕杰的一次成功的说服，则更深切地让人感到了知识的积累储备对于言语交际的重要性和必要性。我们这里简括地介绍一下那次说服的经过：

一个初夏的夜晚，北京西郊街头，李燕杰路遇一时髦小伙子。银色的路灯光下，只见小伙子身着大红衬衣、背带裤，手臂挽一件西装，特别是脖子上还吊着个很大的十字架，随着左摇右晃的步伐在胸前一颠一颠的……李老师一眼就看明白了，这是个追求时尚而生性浮躁的青年典型，于是，他走上前招呼小伙子，两人间有了下面的一席发人深省的对话：

  李老师：你为什么带十字架？

  小伙子：我觉得好看，就带了（满不在乎）。

  李老师：你挂这个，会念祈祷词吗？

  小伙子：不就是"阿门"吗？

  李老师：不对（随即背了一段祈祷词）。

  小伙子：嗯（点着头，看着李老师）。

  李老师：你读过《圣经》吗？

  小伙子：没读过，不知道。

  李老师：……（介绍《旧约》与《新约》，并转而谈及"美"的问题）

  小伙子：……（频频点头，目不转睛）

  李老师：假设你认识一位姑娘，外表很美。但如果有一天，有人告诉你她是个小偷，你还会感到她很美吗？

  小伙子：表里不一，不那么美了。

  李老师：假设你还认识一位修女，外表肃穆，内心虔诚，你感觉又如何？

  小伙子：表里一致，很美！

  李老师：那么，你不懂《圣经》，不信耶稣，带十字架，美不美呢？

  小伙子：我以后再也不带了，再带就是孙子！

  很明显，小伙子接受了教育，认识到了自己的不足。小伙子所以幡然醒悟，从"满不在乎"到"点着头"到"目不转睛"，主要是因为李老师的"博学"震动和征服了他。如果没有李老师的背祈祷词，没有李老师对《旧约》《新约》的介绍，总之，李老师如果没有具备宗教方面的丰富知识，小伙子是不可能心悦诚服的。

  以上是两则旧例，这里再说两个新例子。

  台湾著名学者李敖在新近的一次演讲中说到"汉高祖"，他指出："大家这样称刘邦不对，称'汉高帝'才对。"这已经让人刮目，可他接着从高帝数起，惠帝、文帝、景帝、武帝……一直数到献帝，依次一连串报了汉朝25个皇帝的圣号。说完，还不忘问道："你看，我的记性好不好？"台下自然掌声叫好声连成一片。李敖先生这里似有"作秀"之嫌，但无论怎样说，本事是真的，说话时"知识因素"是重要的。

  在当今我国知识界、新闻界，常听到对国家领导人温家宝总理的推崇，许多人都表示很喜欢听他的讲话，特别是他的一些即兴发言。而问其原因，则除了温总理平易近人、风度儒雅、为民做主之外，还有一个共同的感受，那就是"引经据典，博学多识"。2005年全国人大会议闭幕时，温总理又一次出席了中外新闻记者招待会。一开始，他便说："形势稍好，尤须兢慎。居安思危，思则有备，有备无患。"其中后三句出自《春秋左传·襄公十一年》，引用十分精当，并显得警醒而厚重。接着，他在回答有关台湾海峡两岸关系的问题时，又引用了《史记·淮南衡山列传》中的一首民歌："一尺布，尚可缝；一斗粟，尚可舂。兄弟二人不能相容？"此引用融感慨、期盼和劝导于一言，使听者无不动容。这个记者招待会，又一次显示了温总理深厚的文化底蕴和学养。

总之，知识因素是交际语言艺术的基础因素。无论你是要"以事告人"，还是要"以情感人"，或者"以理服人"，都离不开知识基础。你知识面宽，知识点多，你的表述就能旁征博引，举一反三，你的言语就会多姿多彩，引人入胜。否则，那"告人"、"感人"和"服人"，都只能是低层次、低标准的，脱不了干瘪、浮泛和空洞。而如此，还谈何言语交际效果呢？

二、环境因素

我们所说的交际环境，指的是一种客观存在。所谓环境因素，应当包括时间、地点、场合、时代特色、社会状况、文化氛围等系列外在的条件。人们的言语交际活动，总是在一定的客观环境中进行的，势必要受到环境因素即外在条件的影响和制约。因此，我们要增强言语效果，达到交际目的，就必须了解言语交际的环境，并学会根据需要对环境加以规避、调整、控制和利用。

（一）规避社会环境

俗语云："什么山上唱什么歌，什么时代说什么话。"这讲的就是说话要注意与特定的社会环境相适应。比如，封建时代，大白话肯定登不了大雅之堂；而现今，如果有人还是满嘴的"之乎者也"，那也肯定会让人感到像孔乙己一样的迂腐可笑。但这是言语形式上的对特定社会环境的适应与规避。言语内容上呢？须着重指出，内容上的适应与规避，更不可掉以轻心！其情况又可分为政治性和民俗性两种：

1. 政治性规避

古有"道路以目"一说。据《国语·周语上》载："厉王虐，国人谤王，邵公告曰：'民不堪命矣。'王怒，得卫巫，使监谤者。以告，则杀之。国人莫敢言，道路以目。"可以说，这是历史上最为严重的政治性言语内容规避现象：老百姓为了避祸，为了保住性命，只能以目示意，连话也不敢说。今天看起来，似乎荒诞绝伦，难以想象。然而，在历史的长河里，类似的现象，并非绝无仅有，而是时常发生的。

下面是老舍《茶馆》里的一出戏中的一个情节：

特务：刚才你说"大清国要完了"？

常四爷：我，我爱大清国，怕他完了。

特务：(对松二爷)你听见了？他是这么说的吗？

松二爷：哥儿们，我们天天在这儿喝茶，王掌柜知道，我们都是地道的老好人。

特务：问你听见了没有？

松二爷：那，有话好说，二位请坐。

这出戏的历史背景是19世纪末戊戌政变失败后的大清王朝。其时，大清王朝内外交困，总体上已是"日薄西山，气息奄奄"。然而，即使对于这样一个垂死的专制怪物，小民百姓言语上依然战战兢兢，多有规避。为了一句"大清国要完了"，在特务的诘问之下，常四爷惶急地争辩说"我爱大清国"，而松二爷则不敢应对，只是一个劲儿地王顾左右而言他。如果将此与公元前周王朝时的"道路以目"相联系，很显然，二者规避的情况是不一样的，一个是"不敢说话"，一个是"说了不敢承认"。而如果再联系到20世纪中叶中国大地上卷起的"红色风暴"，我们就又会发现第三种情况，即言语的政治性规避还可以表现为大说"五话"——官话、空话、假话、套话与废话。说起这第三种情况，现今的年轻人也是无法想象的，比如，谁能想象出那时我国军队的训练中有一段是不喊"向右转"的，如果非得向右转那就连喊三个"向左转"？

请再看20世纪80年代我国改革开放之初姜昆、李文华合说的相声《如此照相》中的一段：

甲：凡到我革命照相馆拍革命照片的革命同志，进我革命门，问我革命话，须先呼革命口号，如革命群众不呼革命口号，则革命职工坚决以革命态度不给革命回答，不致革命敬礼。

乙：真够革命的。那时候是那样儿，进门得这样说："为人民服务"，同志，问你点事。

甲："要斗私批修"，你说吧。

乙："灭资兴无"，我照张相。

甲:"破私立公",照几寸?

乙:"革命无罪",三寸的。

甲:"造反有理",您拿钱。

乙:"突出政治",多少钱?

甲:"立等见影",一块三。

乙:"批判反动权威"! 给您钱。

甲:"反对金钱挂帅"! 给您票。

乙:"横扫一切牛鬼蛇神"! 谢谢。

甲:"狠斗私字一闪念"! 不用了。

乙:"灵魂深处闹革命"! 在哪儿照?

甲:"为公字前进一步死",往前走!

乙:"为公字前进一步死",我这就完了?

甲:那也不许"为私字后退半步生"!

不用说,这样的言语无疑是经过相声艺术加工的。但我们相信,任何一个经历过那个"史无前例"的时代的人,都不会对这样的"语言奇观"有丝毫的陌生。极左与狂热,是那个时代的脉搏,而那产生脉搏的混浊血液中,则混杂地流淌着虚伪、轻贱、自私、苟且、怯懦、麻木、卑鄙、无耻……有必要指出,我们不能只看到这相声形式所集中强化了的那个时代的语言特色,还应当看到形式下的内容所反映的那个时代的人的精神面貌,还应当看到这"语言奇观"中的大说"五话"——官话、空话、假话、套话和废话,其本质与那"不说话"和"说了不承认"是一样的,都是社会极端地剥夺了小民百姓的言论自由。诚然,大说"五话"也曾是那时的野心家和投机者们借以飞黄腾达的法宝,但这与小民百姓,尤其是"臭老九"们用做规避险恶社会环境的方法,是不矛盾的。想来令人痛心,当年有难以计数的被流放、关押、杀头的人,均是因言致祸,均是不善于或不屑于运用这一方法的。关于此,北京大学"未名四老"之一的张中行说过一段话,很值得世人玩味:

> 如果只有说假话才能活,我就说假话。我认为这对人品无甚损伤,因为说真话便死了。甚至需要无耻、不要脸才能活,修养到了也可以做。但这有个限度,要有一个原则,"文革"中你让我说假话,批斗之后还给饭吃,那种假话谁都说过。只要良心不亏,要想办法活着。①

----

① 《书摘》.2005年第2期,第39页

"得闭口时须闭口，得放手时须放手。"历史的经验值得注意，冯梦龙的这句"醒世恒言"仍可活用于今日。而把以上所说三个不同时代的言语的政治性规避故事联系起来看，岂不又验证了马克思的一句名言——历史上常有惊人的相似之处。我们应当看到，虽说改革开放已有30余年，但现实的各个角落里依然徘徊着极左的阴魂。因此，我们在这里讨论言语交际中规避社会环境的问题，是有其现实意义的。我们并非提倡圆滑处世，蝇营狗苟。但是，我们必须保持警惕，必须在保护自己方面转变观念，要把将"五话"当混世法宝和将"五话"当避世方法区别开来，注意在社会交际中讲究策略，避免那些可以避免的"人祸"。

2. 民俗性规避

所谓民俗性规避，即说话时注意尊重民间各地方的风俗习惯，不说与风俗习惯相反相悖相冲的话。中国讲的"避讳"，外国讲的"塔布"（taboo），其内涵都主要是指说话要懂得禁忌，都可被视为民俗性规避。而生活中最多最常见的须规避的禁忌，是与"死"和"性"相关联的。

《红楼梦》第四十六回写道，贾赦看上了老太太身边的丫头鸳鸯，要纳她为妾，先后让邢夫人和她兄嫂迫其就范。结果，鸳鸯不从。贾赦恼羞成怒，认为鸳鸯是想嫁给宝玉或者贾琏，便发狠说："我要她不来，以后谁敢收她？凭她嫁到了谁家，她难出我的手心！"那"极有心胸气性"的鸳鸯被逼不过，于是到老太太面前哭诉，并当着众人，发了以下一通誓言：

> 我是横了心的！当着众人在这里，我这一辈子，别说是宝玉，便是宝金、宝银、宝天王、玉皇帝，横竖不嫁人就完了！就是老太太逼着我，一刀子抹死了，也不能从命；服侍老太太归了西，我也不跟着我老子娘哥哥去，或是寻死，或是剪了头发当姑子去！若说我不是真心，暂且拿话支吾，这不是天地鬼神日头月亮照着，嗓子里头长疔！

这是一个典型的与"死"相关联的民俗性规避实例。众所周知，按中国传统习俗，在许多时候和场合，是不能说到"死"的。即使其间恰恰真的发生了死亡，那也依然属于禁忌，特别是对于尊贵者。因此，汉语里衍生出系列与"死"同义的婉词，如驾崩、仙逝、远行、作古、逝世、辞世、谢世，等等。鸳鸯这里说到了"老太太"，自然不可造次。但我们还想特别指出的是，鸳鸯是在十分无奈而急切的情况下发此誓言的，可说到"老太太"未来的"死"一词时，仍然不忘以"归了西"代之，由此可见此类民俗"禁忌"之深入人心，也让我们深切感受到了民俗性规避之必要。

　　鲁迅的散文诗集《野草》里有一篇《立论》，其中的一则笑话也说到了这种对死的民俗言语禁忌。笑话说，一家人家生了个男孩，合家欢喜。满月时请客，抱出来给客人看，大家都说这孩子将来"要发财"、"要做官"，主宾一片欢腾。可后来接着有一个人说这孩子将来"是要死的"，于是他得到一顿大家合力的痛打。当然，鲁迅先生说这个笑话，是别有其主旨的。但笑话中此人所以挨打，正是因为他说了在那样的时间地点不该说的话，犯了民俗禁忌，没注意规避。

　　至于与"性"相关联的禁忌，由于"性"是人最基本的欲望之一，是生活永恒的主题，再加上我国长期封建社会形成的视"性"神秘而罪恶的特有传统国情，因而更为常见。文雅的交际中，是不可直接说及男女的生殖器官和其他敏感部位及相关情况的，特别是要慎用那些以形象释义见长的涉及性的俚语俗称。比如，你去商场买一条裤子，售货小姐可能要求量一量你的"臀围"，而决不会说看看"屁股"有多大；我们常听人说某个男孩像狗、像猴、甚至像狼，但从没听人说过某个女孩像"鸡"，尽管鸡的形象许多时候也是很可爱的；《骆驼祥子》里的虎妞是个粗人，可她在怀上了和祥子的结晶后，也只肯说"有了"，如此等等，不一而足。

　　最后，还须指出的是，民俗性规避，不论是与"死"与"性"相关的，还是其他方面的，并不都是传统的。这因为，风俗习惯并不是永远一成不变的，发展变化着的社会也还会产生出新的风俗习惯，于是新的民俗性规避便随之而生。一个手边的例子是，如今人们走进饭店、剧院、展馆等公共场所，如有排泄的需要，是不会有人问"撒尿到哪里"的，连说"找厕所小便"的也越来越少，人们通常都是问"卫生间在哪里"，或"在哪里洗手"。而且，这样的不断有新的民俗性规避产生的现象，是没有地域限制的，东方有，西方也有。据《政府法制》2004年12月的《不可思议的美国忌语》一文介绍，美国似乎在这方面也走在了世界的前面：

　　　　好像变戏法一样，这个国家似乎没有了胖子，没有了矮子，也没有了盲人、老人、穷人、妓女等。这是为什么？因为没有人说这些词语，因为这些词语听起来是对别人的冒犯。现在，在公共场合说这些词语几乎成为一种罪行，美国媒体都在"自我审查"，回避这些词语。美国学校的课本对语言也是小心翼翼，课本禁用语已经有了"黑名单"，甚至已经形成了一种审查制度。胖子的正确称呼是"身体宽大者"，矮子应该称为"个子不高者"，盲人应该称为"眼睛弱视者"，对老人只能说是"在岁月顺序上排在前面的人"，对穷人只能说是"财政弱势者"，对妓女只能说是"性工作者"……

（二）利用环境因素

环境因素，在言语交际中，有需要规避的，也有可以利用的。所谓"借景抒情"、"借物论事"、"借题发挥"等，说的就是种种言语交际利用环境因素的现象。

1. 借助自然环境

时令节气，春华秋实，风霜雨雪，青山绿水……自然界的种种现象、景观，常常是能够引起言语交际双方或多方共鸣的因素。这因为，言语交际总是在一定时间和空间里进行的，而人们是可以根据自身感受的不同对时空因素附着不同的感情色彩的。如以诗为例，那李白的"举头望明月，低头思故乡"，杜甫的"感时花溅泪，恨别鸟惊心"，白居易的"行宫见月伤心色，夜雨闻铃肠断声"，就都是此类手法的典范。或触景生情，或寓情于景，或情景交融，总之都借助了这"景"，即自然时空环境因素。不过，所谓言语交际，一般不应当包括诗歌的形式，尽管其中的道理是相通的。因此，下面就再分析几个非诗歌形式的例子：

（1）郭沫若·《科学的春天》

　　　　春分已经过去，清明即将到来。"日出江花红胜火，春来江水绿如蓝"，这是革命的春天，这是人民的春天，这是科学的春天，让我们张开双臂，热烈地拥抱这个春天吧！

这是郭沫若先生在1978年全国科学大会上的书面发言中的精彩绝伦的结尾。大家知道，郭沫若是新中国学界巨擘，文坛泰斗。然而，他又是一个历尽"文革"劫难的悲剧式的老人——"文革"之初，他就迫于权势者的淫威，忍痛宣布要"全部烧掉"他自己的著作；"文革"之中，他又相继失去两个儿子，一个自杀身亡，一个被活活打死！须知，"著作"也是作家的儿子，如此精神上的双重打击是何等的沉重！

不用说，身陷文革炼狱的郭老肯定是在黑暗与严寒中煎熬，可以想象，郭老他内心肯定充满对"春天"的渴望，渴望那"春天"的温暖、明媚和勃勃生机。而当全国科学大会正好在这时节召开时，作为曾以《女神》独领新诗风骚的他，又怎能不激情满怀、借景抒情、引吭高歌？

据报道，当中央人民广播电台著名播音员夏青在大会上朗读完郭老的书面发言，朗读完这对科学春天的热烈呼唤时，都经受过"文革"洗礼的代表们沸腾了！全场暴发出雷鸣般经久不息的掌声，并通过大会实况转播，在整个科技界和教育界激起强烈共鸣……试想，倘若郭老当时不是卧病难起，能够亲自登台吟诵,那效果又将是怎样?答案无疑是更加令人鼓舞的。不过,我们这里不想对此多加描述,我们这里想着重强调的是,"发言"产生如此轰动的效果,离不开字里行间"春天"的反复和排比,离不开古诗名句"日出江花红胜火,春来江水绿如蓝"的精妙引用,离不开由自然的春天生动导入社会和科学的春天。一言以蔽之,离不开郭老对自然环境因素的利用。

(2)曹禺·《日出》

现代著名剧作家曹禺,是人们所熟悉的,他的《雷雨》和《日出》,享誉文坛,脍炙人口,奠定了他在中国现代文学史上的不朽地位。那《日出》中的陈白露,是他笔下继《雷雨》里的蘩漪之后又一成功的女性形象。而陈白露形象的塑造成功,是离不开"太阳"和用作剧名的"日出"的。曹禺在剧中也多次借助自然环境,将太阳和陈白露联系起来,让后者在前者的光环和背景下逐渐成熟,其意味悠远而深长,令人唏嘘,令人感喟。

请看其中最令人难忘的两出:

A.我喜欢太阳:

陈白露:(关上门)完了,(自语)我第一次做这么一件痛快事。

潘月亭:完了,我第一次做这么一件荒唐事。

陈白露:好啦,好啦,请金八爷归位吧。

潘月亭:哼!请神容易送神难。用这个招牌把他们赶走了倒容易,回头见着金八,我说不定就有乱子,出麻烦。

陈白露:今天不管明天事,反正这事好玩得很。

潘月亭:好玩?

陈白露:我看什么事都好玩,你说是不是?(呵欠)我真有点累了,(忽然瞥见地上的日影)喂!你看,你看!

潘月亭:什么?什么?

陈白露:太阳,太阳——太阳都出来了。(跑到窗前,推开窗户)

潘月亭:(干涩地)太阳出来就出来了,这有什么喊头。

陈白露:(对着日光,外面隐隐有雀噪声)你看,满天的云彩,满天的亮——喂,你听麻雀!(窗外吱吱雀噪声)春天来了。(满心欢悦,手舞足蹈地)哦!我喜欢太阳,我喜欢春天,我喜欢年轻,我喜欢我自己。哦,我喜欢!(长长吸一口冷气)

潘月亭:(不感兴趣地)喜欢就喜欢得了,说什么!(忽然地)白露,这屋子太冷了,你要冻着,我跟你关上窗户。

　　陈白露：(执拗地)不，我不关！我不关！

　　这是第一幕中靠色相初闯十里洋场的陈白露与某银行经理潘月亭之间的一出戏，地点在某大旅馆一华丽套间内。此前，为救一被侮辱损害的弱女"小东西"，陈让潘假打地痞王金八的牌子，与其手下的一帮流氓打手唇枪舌剑、斗智斗勇地大战了一回，结果大获全胜。事毕，陈白露为此喜不自禁，痛快无比！

　　陈白露为何会这样呢？须知，她并非一般的烟花女子。她出身书香门第，年轻、漂亮而聪明，幼时受到过良好的教育，心地是纯洁、善良而正直的。只是因为家道中落，自己又过惯了小姐生活，不得已方涉足于灯红酒绿之所，周旋于达官显贵之间，开始了她交际花的生涯。所以，当她暂时成功拯救了"小东西"时，她的上述本性势必更加充分淋漓地表现、释放出来。而此时，剧作者曹禺妙笔生花地让灿烂的太阳射进了旅馆的阴暗房间，让"雀噪"声在"满天的云彩，满天的亮"中响起，让她"满心欢悦，手舞足蹈"地高喊"太阳都出来了"，"我喜欢太阳"，"我喜欢春天"，这实在称得上是利用自然环境因素表现人物思想性格的典范。陈白露对"太阳"、"春天"的呼唤，实质上是对人性真善美的呼唤。她那难以抑制的令潘月亭无法理解的冲动，实质上是一种做了真事、善事、美事之后充满成就感的表现。

　　B. 太阳不是我们的：

　　陈白露：(扔下杯子，凝听外面的木夯声，她挺起胸走到窗前，拉开帘幕，阳光照着她的脸。她望着外面，低声地)"太阳升起来了，黑暗留在后面。"(她吸进一口凉气，打了个寒战，她回转头来)"但是太阳不是我们的，我们要睡了。"(她忽然关上灯又把窗帘都拉拢，屋里陡然暗下来，只帘幕缝隙间透出一两道阳光颤动着。她捶着胸，仿佛胸际有些痛苦窒塞。她拿起沙发上那一本《日出》，躺在沙发上，正要安静地读下去……)

　　这是剧终时陈白露最后说的两句话。此前，面对着"桌前满铺着的乱账条"，她"已流着泪却又爽快"地咽下了10片安眠药。"流泪"，表现了她对生命的留恋，"爽快"，则又表现了她自杀的决心。然而，对于陈白露的自杀，我们还应当看到，虽说这是当时卖春女子常见的结果，但那"负债"并非她自杀的主要原因，因为"她看出自己是卖给这个地方的，她不愿意继续再卖了。如果她想再卖，那是容易极了，几千块钱，换一个主人，很容易就还掉了。"①

　　① 曹禺·《我的生活和创作道路》·《戏剧论丛》1981年第二期

很显然，她的自杀，是因为不甘堕落下去，是因为对那黑暗丑恶的现实厌倦了。也正因为此，曹禺又一次借助"太阳"，让他深深痛惜的女主人公与"太阳"告别，从而形成巨大的反差，让读者、观众和他一起去体味其中的幽怨与哀伤。

2. 借助人际环境

所谓人际环境因素，是指一定的场合和氛围，还指一定的人事背景，即人与人之间所形成的种种关系。这样的因素，可能是历史的、长久的，也可能是现时的、短暂的。

比如，对于某些领袖、权威人物的言论，人们常以"一言九鼎"誉之，而对于一般平头百姓的言论，人们又往往感叹"人微言轻"，这些就都是相对历史的、长久的人际环境因素影响言语交际的结果。同样，俗语说，"酒逢知己千杯少，话不投机半句多"，其缘由就也可以归结到相对历史的、长久的人际环境因素的影响。前者，即社会学说的"角色效应"；后者，则与人的"志趣秉性"相关。而一个人，一个参与言语交际者，他在社会中充任怎样的角色，具有怎样的志趣秉性，都不是一朝一夕的事。所以，我们说，如此影响口语表达的人际环境因素，是具有历史的长久的特性的。

与此相反，还有一种影响口语表达的人际环境因素，是瞬间突然发生的，是人们无法预知的。而且应当指出，这种具有"现时短暂"特性的人际环境因素，比起上一种，认识它，把握它，借助它来影响口语表达，则要困难得多。因此，我们更要注重对它的观察与研究。

先说一个前中国国家足球队主教练米卢的故事：

> 2002 年初，中国国家足球队在昆明海埂集训，备战韩日世界杯。每天都要举行例行的新闻发布会。某日，一记者大胆地问米卢："能透露一下最后的 23 人大名单吗?"米卢显然不愿意回答这样敏感的问题，但又不便正面拒绝。此时，他看到提问记者旁边，正有位记者在打瞌睡，于是眨了眨眼，指着那位打瞌睡的回答道："问这个问题，你肯定又是新来的。哎，问他去，他肯定是老记者，你应该请教他。"原本有些沉闷的新闻发布会，一下被笑声打破了。而这笑声惊醒了那打瞌睡的记者，其他的记者又是一通大笑。

很显然，米卢的回答所以成功，所以赢得笑声，是因为他从容地把握住了新闻发布会这一特定的场合，机智地利用了特定场合随机产生的特定情景。新闻发布会的氛围，不明智不懂行规的提问，还有那打瞌睡的记者，和记者的打瞌睡，就是我们的所说的具有"现时、短暂"特性的人际环境因素。

米卢有效地不失时机地借助了这一因素，笑声自然为他响起。

下面再看一则《红楼梦》第八回中的故事。故事发生在梨香院，一个隆冬飞雪之日，宝玉来探望生病的宝钗，不久黛玉也来了，薛姨妈招待他们喝酒：

> 这里宝玉又说："不必烫暖了，我只爱吃冷的。"薛姨妈道："这可使不得，吃了冷酒，写字手打颤儿。"宝钗笑道："宝兄弟，亏你每日家杂学旁搜的，难道就不知道酒性最热；若热吃下去，发散的就快？若冷吃下去，便凝结在内，五脏去暖他，岂不受害？从此还不改了？快不要吃那冷的了。"宝玉听这话有情理，便放下冷的，命人烫来方饮。黛玉嗑着瓜子儿，只管抿着嘴笑。可巧黛玉的小丫鬟雪雁走来，与黛玉送小手炉，黛玉因含笑问她，说："谁叫你送来的？难为她费心，哪里就冷死我了！"雪雁道："紫娟姐姐怕姑娘冷，叫我送来的。"黛玉一面接了抱在怀中，笑道："也亏你倒听她的话。我平日和你说的，全当耳旁风；怎么她说了，你就依得比圣旨还快些？"

无疑，黛玉申斥雪雁的一番话，是说给宝玉听的，是对宝玉的奚落，是在发泄她对宝玉的不满。宝玉平日里爱喝冷酒，黛玉劝过他，可他却一直没当回事。今日，宝钗半嗔半笑地分析冷酒伤身的道理，倒使他改了主意，乖乖地听了。这对于心里喜欢宝玉，但多愁善感的黛玉来说，是难以接受的。然而，黛玉又毕竟是个知书达理的才女，总不能于众人面前沉下脸来，厉声相向。如何才能不失体面地发泄胸中的不满，既旁敲那没心没肺的宝玉，又侧击那她已朦胧感到可能是"情敌"的宝钗呢？当雪雁遵紫娟之命来送小手炉之时，黛玉一下子抓住了这稍纵即逝的"现时、短暂"的人际环境因素，通过第三方传递了她的言外之意。无端被编派的雪雁自然不知道黛玉是在借题发挥，指桑骂槐。然而，有着共同话题背景，同样在经受着微妙感情纠葛的宝玉和宝钗，对黛玉掩藏着的醋意，则肯定都是心知肚明的。

不过，雪雁之外，倒也还有一个不知就里的，那就是薛姨妈。所以她当时对黛玉说："你素日身子单弱，禁不得冷的，他们记挂着你倒不好？"聪明的黛玉，则又一次笑道：

> 姨妈不知道。幸亏是姨妈这里；倘要在别人家，岂不要恼的？难道看的人家连个手炉也没有？巴巴儿的，从家里送个手炉来，不说丫头太小心，还只当我素日是这等轻狂惯了呢。

真正称得上是伶牙俐齿。而这里这样的伶牙俐齿，也是离不开，或者说也是因为黛玉她借助和利用了人际环境因素。不同的，只是掺杂进"姨妈"这样的人事背景，与之前的借"手炉"之题不同，这因素则属于前面说到的"历史的、长久的"那一种。

三、心理因素

《韩非子·说难》云：

> 凡说之难，非吾知之有以说之难也；又非吾辩之难，能明吾意之难也；又非吾敢横失能尽之难也。凡说之难，在知所说之心，可以吾说当之。所说出于为名高者也，而说之以厚利，则见下节而遇卑贱，必弃远矣。所说出于厚利者也，而说之以名高，则见无心而远事情，必不收矣。所说实为厚利而显为名高者也，而说之以名高，则阳收其身而实疏之；若说之以厚利，则阴用其言而显弃其身。此之不可不知也。①

韩非的这段话，可谓切中肯綮！他强调指出，辩说的"难"，并不在于你有多少东西可说，也不在于你是否说得明白全面，纵横驰骋。辩说的"难"，在于你能不能洞察和把握所说对象的思想心理活动。对于不同的辩说对象——"为名高者"、"厚利者"和"实为厚利而显为名高者"，如你不能因人而异，择言以对，那你是不可能真正获得辩说的成功，真正获得辩说对象的赏识和亲近的。

诚然，韩非的《说难》有其特别的历史背景。其时，众多游说者为猎取功名利禄，曲意迎合人主，不顾公义是非，一味玩弄权谋。韩非的论述，客观上肯定并张扬了这一丑恶的社会现象。但是，撇开政治的内容，我们不能不感佩他的论述之透辟。我们认为他的"凡说之难，在知所说之心"这一重要观点，他的关于交际语言心理因素的深刻认识，对于社会交际是具有普遍的指导意义的。

西方精神分析法创始人，19 世纪奥地利著名心理学家弗洛伊德，他曾将人的人格划分为"原我"、"自我"和"超我"三个部分，他还曾更直白地指出："当睡觉的时候，我们脱去道德的外衣，而仅在早晨来临时才穿上它。"这些也都告诉我们，人的思想精神，人的内心世界，是十分复杂的。因此，无论进行怎样的交际，国家或群体之间的也好，个人之间的也好，我们要想取得好的效果，要想达到预定的目标，说话之前，我们就必须注重分析揣摩对方的心理活动。历史上，生活中，这方面的经验与教训是很多的，我们应当认

---

① 《史记·老子韩非列传》

真汲取这些经验与教训。下面三则文学作品里的故事，便典型地表现了这些经验与教训。

（一）虚荣心理·贵妇人的高帽子

反映欧美幽默民风的一个小品文集里说，19 世纪，奥地利维也纳的上层妇女中，流行戴一种筒高檐宽并饰有羽翎的帽子。然而，这一时尚却给城里众多剧场的经理们带来了麻烦和苦恼，因为只要戴此高帽的贵妇人一出现，剧场里就不得安宁，观众常常围绕戴帽脱帽大打口水战。为此，各剧场都张贴了不准戴高帽子看戏的告示，但收效甚微，纠纷依然不断。一天晚上，开场前，一家剧场的经理若有所思地站在舞台边，似乎在欣赏着那一个个戴高帽的贵妇人。突然，他快步登上了舞台，大声说道："女士们，先生们，为了不影响别人，本剧场不准戴高帽子看戏。但是，年纪老一点的女士不在此限制之内。"结果，所有戴着高帽子的贵妇人，都不声不响地脱去了高帽子。第二天，这家剧场贴出了新告示，写上了经理的这两句话。其他剧场得知后纷纷效法。

不用说，"高帽子"的问题终于解决了。而问题所以能一朝解决，显然，是因为那若有所思的经理在观察中获得了灵感，巧妙地利用了女士们都怕被人看老的虚荣心理。那些戴高帽子的贵妇们，目的就是要好看，就是要人看起来显得年轻。而这一下，如果不脱掉高帽子，那你自己便先承认老了，那还有什么可看呢？贵妇人们是决不能接受这样的结果的，她们只有选择脱帽。当今，许多人称呼别人时，年龄往小里看，职位往大里说，不也是这个道理吗？

（二）自尊心理·朱元璋的穷兄弟

有一个民间故事，说的是朱元璋当了皇帝后，他先前为人家扛活打工时的两个穷兄弟先后去找他帮忙。结果，一个如愿以偿，做了官、发了财，而另一个却被杀了。同是患难兄弟，为什么如此悲喜悬殊？原来，根由就在说话上。见到朱元璋时，虽然后去的和先去的说的是同一个意思，都是回忆当年的一个生活片段，可是说法却大不一样：

> 我主万岁，当年微臣随驾扫荡芦州府，打破罐州城，汤元帅在逃，拿住豆将军，后又遇红孩儿当关，多亏那菜将军。

> 我主万岁，还记得吗？当年，你我都替人家看牛，有一天，我们在芦花荡里，把偷来的豆子放在瓦罐里煮着。还没等煮熟，大家就抢着吃，把罐子都打破了，撒了一地的豆子，汤都泼在泥地里，你只顾从地下满把地抓豆子吃，却不小心连红草叶子也送进嘴去，

叶子梗在喉咙口，苦得你哭笑不得。还是我出的主意，叫你用青菜叶子放在手上一拍吞下去，才把红草叶子带下肚子里去了。

人，都是要面子的，更何况一个皇帝。俗语说："当着矮人，别说短话"，还有"秃子跟前不言光"，就都是这个道理。先去的那一位，这样的意识很浓，很注意给朱元璋留足面子，说话尽说"隐语"。什么，"芦州府"、"罐州城"，什么"汤元帅"、"菜将军"，别人听起来好像真是皇上的老部将来了，讲的是当年打天下的事。然而，有共同历史背景的朱元璋心里很明白，完全懂得其隐语所指实在是当年困窘狼狈的情形。于是，既然能尽人情照顾提携共过患难的穷兄弟，又能在众人面前显得冠冕堂皇，朱元璋也就乐得让这先来的一位磕头谢恩而去了。

与先去的那一位完全不同，那后去的，对人都可能有的自尊心理却缺乏起码的认识。他说的都是大实话，也是大傻话。试想，认可了他说的这一切，还谈何龙颜、龙威、龙风呢？于是，在那个社会里，等待他的只能是被杀头。编故事的这样编，是完全符合源于生活高于生活的艺术真实性的。而编故事的所以这样编，目的正在于警示人们说话要注意把握对方可能有的心理，注意别冒犯人都可能有的自尊心理。

（三）恐惧心理·吕伯奢的大错误

《三国演义》第四回写道，曹操欲杀篡汉欺主的董卓，结果事败垂成，只得只身纵马落荒而逃。不幸至中牟县被捕，但旋而县令陈宫弃官相从。又至成皋，二人商定去曹操父亲的结义弟兄吕伯奢家借宿，不意其间波澜陡生，吕氏欲盛情款待，却一家九口都成了刀下之鬼。为什么会这样呢？数百年来，人们在小说的贬曹主旨影响下，几乎无不认为这是曹操猜忌残暴成性的最好注解。曹操的那句名言——"宁教我负天下人，休教天下人负我"，就是在这当口儿说的。然而，如果我们仔细审视故事的具体过程，注意从交际和言语的角度去分析因果，我们就会发现，吕氏的悲剧本来是可以避免的，他自己在这当中是犯了大错误的，故事留给后人的教训和启示是十分深刻的。

请看故事中的这样一段：

伯奢拜陈宫曰："小侄若非使君，曹氏灭门矣。使君宽怀安坐，今晚可下榻草舍。"说罢，即起身入内。良久乃出，谓陈宫曰："老夫家无好酒，欲往西村沽一樽来相待。"言讫，匆匆上驴而去。

这里须特别注意几个细节，一个是"说罢，即起身入内"，一个是"良久乃出"，还有一个是"匆匆上驴而去"。这些细节，若是在日常待客之中，本无丝毫蹊跷而言。可对于当时被官方连日四处追杀的曹操来说，那就很可能不一样了。他有如惊弓之鸟，丧家之犬，惶惶不可终日，这些细节在他眼里很可能意味着主人的"胆怯"和"告密"。为什么不当面说？为什么那么长时间？为什么又急忙离开？紧迫中当曹操无法解答之时，突然又听到后屋有人说——"缚而杀之，何如？"于是，悲剧便发生了。究其原因，除了曹操的，那就是因为吕伯奢对曹操的恐惧心理没有一点认识，交际之中，言语行为之前，没有换位思考揣摩一下对方可能有的想法。这就是他犯的给自己和家人带来杀身之祸的大错误。

四、势态因素

语言学中，有势态语言一说。这种语言，又称"人体语言"、"动作语言"、"无声语言"、"非言语技巧"等。这种语言是一种伴随性语言，在交际中，主要对有声语言起补充作用，和有声语言(特殊情况下也包括有声语言的书面形式)一起构成交际交流的整体，共同表达或强调某一信息。我们应当认识到，势态因素，对于交际和语言，对于准确、完整、生动、得体地表达某一信息，是很重要的，有时甚至是不可或缺的。《诗序》云："在心为志，发言为诗。情动于中而形于言。言之不足，故嗟叹之；嗟叹之不足，故咏歌之；咏叹之不足，故不知手之舞之足之蹈之也。"这说的就是人体势态对语言起补充作用的道理。

那么，我们应当注意哪些势态因素呢？势态的分类情况怎样呢？一般地说，势态首先可分为动态和静态。而动态，则含表情和手势；静态，则含姿势、服饰和方位。还可以再进一步划分，比如，表情可分为头、眼、脸等各部位的，姿势可分为站、坐、步等种类。总之，交际之中，人们的一举一动、一颦一笑、一瞥一颔，都是具有表达和替代功能的，无不展现出其特定的含义和内容。下面，我们结合一些名人或名著，摘要举例加以说明。

(一)眼色

人们总爱说，眼睛是心灵的窗户。我们还经常听说，眼睛会说话，眉目会传情。生活中，人们的眼色眼神常常是有其固定含意的。比如，正视表示庄严，斜视表示轻蔑，仰视表示思考，俯视表示羞涩，逼视表示命令，瞪视表示愤怒。而这些是相对静止的眼神眼色。那运动着的呢？无疑，眼珠的转动，眨眼的频率，更是有其特别的含意。比如，眨个不停，往往意味着疑问和怀疑；不住打量，往往意味着轻慢和挑衅；挤眉弄眼，往往意味着戏弄和引诱……人们的交际成功与否，是和对这些眼神眼色的识别相关联的。

古今中外，文人也都喜欢在眼睛上做文章。清人刘鹗的《老残游记》中，有一段关于艺人王小玉上台说唱前看观众的描写，称得上是其中的精品：

> 她将鼓槌轻轻点了两下，方抬起头来，向台下一盼。那双眼睛，如秋水，如寒星，如宝珠，如白水银里养着两丸黑水银，左右一顾，一看，连那坐在远远墙角里的人都觉得她看见自己了。那坐得近的，更不必说。就这一眼，满园子里便鸦雀无声，比皇帝出来还要静悄得多呢，连一根针掉在地上都听得见响！

王小玉的这一眼，何以如此富有魅力？何以有如此好的交际效果？除了一些有固定含意的眼神眼色外，生活中还不乏包含有丰富意思的眼神眼色，王小玉的这一眼正是这样的。园子里的观众，有人会感到它是一个亲切的问候，它在说：谢谢你了，谢谢你来看我的戏；有人会感到它是一个无声的要求，它在说：这就唱了，请大家马上安静下来；还有人会感到它是一个双重的希望，希望她自己成功，希望你给她捧场。总而言之，她这一眼，没有言语，胜似言语，使观众因人而异地和她产生了种种沟通，是句最好不过的开场白。

生活中有含意丰富的眼神眼色，生活中更有含意深长、泄露心中隐秘的眼神眼色。与刘鹗笔下的王小玉的这一眼不同，托尔斯泰笔下的安娜·卡列尼娜，在第一次见到渥伦斯奇的时候，那摄人心魄的一眼，正属于后一种：

> 当他回过头来看的时候，她也掉过头来了。她那双在浓密的睫毛下面显得阴暗了的闪耀着的灰色眼睛亲切而注意地盯在他的脸上，好像她在辨认他一样，随后又立刻转向走过的人群，像是在寻找什么人似的。在那短促的一瞥中，渥伦斯奇已经注意到了有一股被压抑的生气在她脸上流露，在她亮晶晶的眼睛和把她的朱唇弄弯曲了的轻微的笑容之间掠过。仿佛有一种过剩的生命力洋溢在她的全身心，违反她的意志，时而在她的眼睛的闪光里，时而在她的微笑中显现出来。

我们知道，安娜·卡列尼娜是一位追求资产阶级个性解放的贵族妇女。她的丈夫卡列宁比她大20岁，并且是一架十足的官僚机器，生性古板，毫无生活情趣，更不知爱情为何物。因此，她的精神上长期备受压抑，内心洋溢着一种追求新生活的"过剩的生命力"。而这样深长而隐秘的内心世界信息，渥伦斯奇就是在莫斯科火车站首次见到安娜时，从那"短促的一瞥"中获取的。显然，眼色眼神在交际中的辅助功能是不可忽视的，我们应当注意分析和阅读这种"目光"语。

（二）手势

手势，即手和手指的活动。在交际中，无论是谈心、谈判，还是演说、辩论，手势的使用频率都是很高的。它不但可以辅助言语表情达意，而且还能展示人的个性与风度，在势态语言中占有很重要的位置。

请看方纪的名篇《挥手之间》中的两节：

> 机场上人群静静地立着，千百双眼睛随着主席高大的身影移动，望着主席一步一步走近了飞机，一步一步踏上了飞机的梯子。主席走到飞机舱口，停住，回过身来，向着送行的人群，人们又一次像疾风卷过水面，向飞机涌去。主席摘下帽子，注视着送行的人群，像是安慰，又像是鼓励。人们不知道怎样表达自己的心情，只是拼命地挥手。

> 主席也举起手来，举起他那顶盔式帽。举得很慢很慢，像是在举一件十分沉重的东西，一点一点的，一点一点的，等到举过头顶，忽然用力一挥，便停在空中，一动不动了。

众所周知，《挥手之间》的历史背景是：1945 年 8 月，抗日战争胜利，日本政府宣布投降，但蒋介石却下令不准八路军、新四军受降，内战的危机迫在眉睫。为了和平、民主与团结，毛主席决定亲赴重庆与国民政府谈判，于是有了延安机场上的这一不可多得的历史画面，有了这激动人心的包含有丰富信息的"挥手之间"。"举得很慢很慢，像是在举一件十分沉重的东西"，这手势是要告诉人们，赴重庆谈判，是一重大决策，它肩负着解放区人民的希望，肩负着全国人民的未来，肩负着我们国家的命运。紧接着，"等到举过头顶，忽然用力一挥，便停在空中，一动不动了"，这一历史的特写与定格，和前面缓慢上举的动作联系起来，还是方纪说得好，它"像是表明了一种思索的过程，作出了断然的决定。"同时，作为人民的领袖，毛主席他那为了国家民族而置个人安危于度外的崇高精神与超逸风度，也在这一手势中得到了充分的展示。

手势，对言语表情达意的辅助，主要有两种情形。一种是像上述"挥手之间"那样，靠它本身所包含的情感。这类手势有不少是常见而固定的，如搓手表示期待和渴盼，握拳表示挑战和应战，摊开双手表示真诚与坦率，以手搔首表示困惑与费解等。不过根据言语内容的不同，它们也可能产生较复杂细微的变化，比如"双手摊开"就分上、中、下三区，分别表示赞美、乞讨和无奈的意思，使用时要注意正确组合。另一种是，它可表示数字和形象，以此渲染言语的氛围，从而起到辅助言语的作用。比如，人们在讲话中涉及一个很大的数字时，以"10万"或"10亿"为例，大都会伸出一只手，对着听众正反各晃动一次，便是这个道理。再如，在某市一次教育界"奉献爱心"的演讲比赛中，一个演讲者在引用到陶行知的名言"捧着一颗心来，不带半根草走"时，她声调激越，双手合拢，虚拟出一个圆形的物体，使人感受到一颗心的外形，就也增添了言语的生动性和感染力。

关于手势，上述第一种情况中，还有一项须特别加以说明，那就是"握手"。首先，须知握手的具体作用是重要而广泛的：与朋友握手意在友好，与敌人握手意在妥协；与成功者握手为的是祝贺，与失败者握手为的是安慰；与明星大腕握手可表示羡慕和崇拜，与百姓小民握手可以表示关怀和体恤。其次，我们还要认识到，社交中，握手是有很多讲究的，伸手先后、时间长短、用力大小等，均不乏细致微妙之处。一般地说，领导、长辈、主人、女性先伸手，时间以1～3秒为宜，用力则要适中，不宜重也不宜轻。此外，还要注意配合身体前倾，面带笑容，注视对方。

（三）坐姿和站姿

人的身体的姿态是多种多样的。但在交际中，坐姿和站姿与言语的联系最为密切，对效果的影响最为重要，因而也是势态语言的重要组成部分。

通常，人们在言语交际时，都有个身体姿态互相适应的问题。不论是双方的还是多方的交际，以坐为例，如果过程中有人该坐着而站着，该坐正而斜靠着，该静坐而不停地转动着，那都是不适宜的，都会使人感到不舒服，都可能影响交际的和谐与协调。同样，站也有站的规范，也有交际各方相互适应的问题。军营里，长官与士兵之间；体育课上，老师与学生之间，交际中的站姿也许是最规范的。日常生活中虽说无须效仿军营里和体育课上那般模式，但注意不要身体摇晃，不要双腿叉开，不要弯腰驼背，不要举首四顾等，还是必要的。否则，除非你是故意为之，交际目的之实现是肯定要打折扣的。

此外，我们还应当明白，坐与站，往往是情绪情感激剧变化的表现。坐，有安坐、闲坐和稳坐……站，则会有木然的站、猛然的站、愤然的站、欣然的站、怡然的站和忽坐忽站的站……认识这形形色色的坐和站，对把握人物，把握交际对象的心理是具有重要作用的。

美国作家欧·亨利的《麦琪的礼物》中的女主角德拉，在确认身上只有一块八角七分钱而不能为丈夫杰姆买一件精致的圣诞礼物后，她先是大哭了一场，接着便有"三站"：开始，"她站在窗前，呆呆地看着外面灰蒙蒙的后院里有一只灰色的猫在一个灰色篱笆上走着"；继而，"突然她从窗口转过身来，站在镜子前面";最终,"她踌躇了一会儿,静静地站在那里,有一两滴泪水溅落在破旧的红地毯上。"这三次站,实质上是德拉做出出售自己美发决定的心理历程。从窗口,到镜前,到地毯上;从"呆呆地",到"突然地",到"静静地"……透过这站的位置和状态的系列变化,结合当时其他相关势态因素,我们不难感受到,在这短短的一段时间内,德拉的心理历程是十分剧烈、矛盾而痛苦的。她的哭泣归于无奈,所以"呆呆地站在镜前";她于无奈中因萌生卖发的主意而激动,所以"突然站到镜前";她在摒弃了激动中的反复矛盾之后终于下定决心,所以"静静地站在红地毯上"。

再看两个"坐"的例子:

> 过了一会儿,她差不多笑起自己来了,接了信不看,却坐在这里发痴。于是背部靠着椅背,坐成很悠闲的姿势;展开信面再望了一眼,然后仔细地从原封处揭开,抽出信笺来看。①

> 拍达!吴荪甫掷听筒在桌子上,退一步,就倒在沙发里,直瞪了眼睛,只是喘气……抓出一只手枪来,就把枪口对准了自己胸口。②

前例中的"她"是叶圣陶笔下一师范学校的女学生金佩璋,她接到了教师倪焕之的一封情书。她先是"痴坐"默想,然后又"坐成很悠闲的姿势",表明她完全沉浸于热恋之中,欣喜得心都醉了。而后例中的吴荪甫,是茅盾先生塑造的20世纪30年代中国民族资本家的典型,他的"倒在沙发里",也就是"跌坐"、"瘫坐",表明他完全被依附的外国帝国主义官僚资本家击垮了,对未来彻底地绝望了。

五、语调因素

在语言学中,语调既是一个复杂的问题,又是一个重要的问题。周殿福先生认为:"语调的研究是语音各方面的综合。"③这就是说,它应当包括声调的阴阳上去、音量的轻重强弱、音调的高低抑扬、音色的优劣好差、节奏的起伏快慢和语速的断连顿挫。语调的艺术,是语音的生理特征、物理特征及社会特性的综合运用艺术。倪宝元先生还认为:"语调艺术是司空见惯的。

---

① 叶圣陶·《倪焕之》
② 矛盾·《子夜》
③ 周殿福·《艺术语言发声基础》第308页

惟其司空见惯，所以必须高度重视，不可等闲视之。"①这就又强调指出，语调艺术容易被人们所忽略，人们在语言实践中对它的注意是很不够的。

契诃夫说过，他创作小说，最后"是从音乐性一面来修改。"叶圣陶也说过，写文章要考虑"便于说，便于听。"中外大师们连写作时都十分注重语音语调的选择与调整。那么，我们的交际语言，更应当充分发挥语调的功用。

（一）语调的审美功用

我们知道，语调的种类，一般可分为平调、曲调、升调和降调，它们是相对立存在的。而实际上，语音语调中的对立因素还有许多，比如快慢、断连、轻重，还有平仄、声韵等，就都是对立因素。正是这些对立因素，在语音链上相存相济，交替往复，形成了音乐般的节奏与旋律，或和谐清新，或高昂激越，或明快欢乐，或沉郁苍凉。据张清常先生考证，"汉语声韵学里的声、音、韵、调、清、浊、转等，本来都是音乐术语，语言与音乐是同源而一贯的。"②所以，汉语的语调和音乐一样，也是一种艺术，是能给人以美的感受和美的熏陶的，是具有很大的审美功用和很强的审美表现力的。

美，是人人都爱的，无论是自然的，社会的，还是艺术的。美，"是不以我们的意志为转移的客观存在，反过来，它影响着我们，它教育着我们，提高生活的境界和意趣。它的力量大极了，它也可以倾国倾城。"③所以，人们总是不断地去发掘美、表现美、彰显美。而语调既然也是一种艺术美，那人们的交际语言不也应该去发掘表现彰显它吗？不也应该去充分发挥它的审美功用吗？

据报载（1993 年 4 月 11 日《语言文字报》），英国有 80% 的人十分注重自己的语音语调是否标准，撒切尔夫人任首相之前也曾聘请专家为自己正音正调，她后来认为她在政坛上的成功，与她在话筒前和荧屏上的"语言形象"是分不开的；现任美国总统布什首次参与竞选时，则在语音语调上遇到过不小的麻烦，美国许多媒体都曾在他的语音语调上做文章，嘲笑他有两个音总是发不准，而且有时会口吃；我国现代语言教学中曾流传过两个版本的"菜单"笑谈，一个说的是意大利悲剧明星罗西，一个说的是中国电影皇帝赵丹，说他们都曾在出席某次宴会时朗读过席上的"菜单"，却都靠音调的变化感动了所有的听众；我国古代的那则"三分诗，七分诵"的故事流传更广，说宋朝某

---

① 倪宝元·《语言学与语文教育》第 429 页
② 张清常·商务印书馆·《语言学论文集》第 209 页
③ 宗白华·《艺境》第 224 页

人自以为有写诗的才华，便想法找到苏轼，朗读了自己的诗作并请求点评，结果苏轼给了上面这句话，意思是"诗不怎么样，但听起来还可以"。以上这些故事，虽背景互异，各有其旨，但它们却从不同的侧面共同告诉我们，语调的审美功用切不可等闲视之，它对人际沟通和语言交际的效果具有重要的，有时甚至是不可替代的作用。

（二）语调的表意功用

相对于语调的审美功用，语调的表意功用自然更为重要，人们在交际中也就更不可忽略，因为它涉及到对语言含义的理解与把握。

让我们先看一个简单的与重音重读相关的例子：

明天我来这儿讲课。

明天我来这儿讲课。

明天我来这儿讲课。

明天我来这儿讲课。

很明显，当我们说这句话时，你的重音变了，强调的意思也就变了。重音在"明天"，是要强调隔一天，而不是当天或其他时间；重音在"我"，是要强调自己亲自来，而不是其他人；重音在"讲课"，是要强调目的是教学，而不是来开会检查什么的。如果你的重音与你要强调的意思不相一致，那就会引起听者理解上的混乱，就会影响语言交际的效果。

再说两个语调变化比较复杂的例子。所谓复杂，那就不仅是哪个字词读重音的问题，而是语调的各方面因素，诸如音量、音调、音色、语速、节奏等，与势态因素共同作用的结果。这样的变化，是微小而微妙的，但它可能表现的意义内涵却是丰富多彩的。

前苏联著名教育家马卡连柯曾指出，"你只有学会用 15 种至 20 种语调来说'到这里来'的时候，只有学会在脸色、姿态和声音的运用上做出 20 种风格韵调的时候，才能变成一个真正有技巧的人。"这难道不值得我们深思吗？同是"到这里来"，不同的人在不同的时间、地点和背景下说它，它的内涵可能是亲切的召唤，也可能是殷勤的引导，还可能是严厉的命令、扰人的诱惑、叵测的拐骗……

与"到这里来"相比，生活中的一声"再见"因语调的变化而产生的意义变化，更是给人有难以穷尽的感觉：有的依依不舍，有的拂袖而去，有的雀跃欢欣，有的呆滞沉重，有的出于礼仪需要，有的充满期盼和祝福，……难怪丹纳在《艺术哲学》中要如此感叹："人的喜怒哀乐，一切骚扰不宁、起伏不定的情绪，连最微妙的波动，最隐蔽的心情，都能由声音直接表达出来，而表达的有力、细致、真切都无与伦比。"无怪乎恩格斯在给他妹妹玛丽的信中，盛赞几种语言语调的优美时，说法语"像小河一样发出淙淙的流水声"，意大利语"像和风一样清新而舒畅"，荷兰语"如同烟斗里冒出的浓烟，给人以舒适安逸的感觉"。

语云："根情，花声。"如果我们注重语调的变化运用，那么有什么样的根，就有什么样的花；有什么样的情，就有什么样的声。一个词，一句话，书面形式只有一种，言语中却变化多端。我们要想取得好的语言交际效果，就必须注重语调的表意功用。

六、副语言因素

关于副语言，语言学家们的界定并不一致。有的把笑声、哭声、咳嗽、呻吟和叹息等合为一类，与前面说及的非语言因素（语音语调）相并立，认为它们共同构成副语言。有的却认为，副语言就是前面说及的非语言因素（势态语言），它和笑声、哭声、咳嗽、呻吟和叹息等一类言语交际中的伴随性发声相并立，共同构成非言语交际。为划分与分类的明确计，我们则将以上两种界定的共同部分抽出视为副语言，构成并立的第三方面。语音语调和势态语言两方面已经说过，这里就再主要说一说副语言方面的笑声和哭声。

（一）笑声

笑声，是人类所独有的一种富有意识和理智的信号。人类的笑，声音千样，风情万种。倘稍加辨析，我们不难发现，伴随着言语交际，人们发出的笑声有大笑、狂笑、嬉笑、冷笑、奸笑、淫笑、阴笑、干笑、狞笑、傻笑……不用说，这些笑声和前面说及的语音语调一样，也都是具有审美功用和表意功用的。但需要指出的是，最常见的微笑却不属于副语言，因为它是无声的，在表情的外延内，应当属于势态语言。

"笑啼俱不敢，方知做人难。"南朝（陈）乐昌公主的这两句诗，生动说明笑与哭都是情感的外在形式，人们一般是不会也不可随便哭笑的。然而，这又从一个侧面启示我们，应当注意分析并把握笑与哭在言语交际中的系列具体表意功用，以便得当地表现自己，准确地了解他人，从而增强言语交际的效果。下面就讨论三种常见的笑声，说说它们的不同表意：

1. 表示认可、肯定、赞许

这也许是笑声中最多的一种。比如，当父母看到孩子学步的憨态时；当学生听到教师精妙的讲解时；当观众欣赏到演员惟妙惟肖的表演时……总之，在生活和工作中，当人们感受到积极上进且聪明睿智的事物时，就会发出这种笑声。这种笑声通常是响亮而爽朗的，而且，它所包含的认可、肯定和赞许，其程度往往超过言语的形式，对收受者具有极大的鼓舞与激励作用。

2. 表示拒绝、讽刺、愤怒

这种笑声，与上一种正相反。这也就是说，同样是笑声，它可能是对收受者褒奖，也可能是对收受者的贬责。所谓"起哄"和"喝倒彩"中的笑声，就属于这一种。这种笑声，例如在老师的讲课和演员的表演中，特别是在一些缺乏自知之明的各级领导们的报告中，都是时有所闻的。这种笑声，有时是放肆的大笑，有时是抑制的窃笑，但都表示了对收受者的拒绝与讽刺，甚至包含有满腔的随时可能暴发的愤怒。《林海雪原》中的土匪头子座山雕，在百鸡宴上对小炉匠发出的三次笑声，就是形式放肆且充满愤怒的笑声。这笑声，在京剧《智取威虎山》中，经过艺术化的夸张渲染，更是给人们留下了不可磨灭的印象。

3. 表示失意、消沉、痛苦

相对于前两种，生活中这种笑声是比较少的。然而，它所表现的思想情感内涵却每每震撼人心，因为它实际上是人的不同程度的种种精神失态的表现。爱情上的失意者、经济上的破产者、事业上的失败者、思想上的异化者、遭遇重大家庭变故者，等等，倘若意志薄弱，心理承受力较差，就有可能发出这种笑声。这种笑声总给人以异样的感觉，往往瘆人而恐怖。古今中外的文学名著中，均不乏此类笑声的描述。鲁迅《阿Q正传》中的阿Q，他在拧了小尼姑的面颊后和高喊"造反"高唱"我手执钢鞭将你打"时发出的哈哈大笑；曹禺的《雷雨》中的繁漪，在遭到周萍拒绝不再爱四凤后，说"小心！小心！你不要把一个失望的女人逼得太狠了"时发出的那阴森森的冷笑；列夫·托尔斯泰《复活》中的玛丝洛娃，在监狱里痛骂去探望她的聂赫流道夫"你还打算在死后的世界里用我来拯救你自己"时发出的歇斯底里的狂笑……都是这种笑声。

笑声，除了上述最为重要的三个方面的表意功用之外，还有一种功用不可不说，那就是在交际中缓解僵局，消除尴尬的功用。我们知道，人们在交际当中，特别是在交际各方比较陌生的情况下，或者是在贵贱悬殊、尊卑分明的环境里，往往由于拘谨和羞涩，一时无法轻松交谈，交际可能陷于僵局。此时，如果有人进行调侃，如果有个"凑趣"的，引得大家发笑，那就可以消除紧张尴尬的气氛和情绪。

凡读过《红楼梦》的都知道，老太太贾母，在贾府中的地位和权威是至高无上的，所以只要她一出场，从各房的主子贾政贾赦等，到各房的丫头书童们，没有不敛声屏气的，都生怕说错了话、走错了路、做错了事。但是也有例外的时候，比如凤姐凭借如簧的巧舌，或曲意调侃，或讨好卖乖，就可以让老太太的周围变得活跃起来。而有老太太在场，周围的人最活跃最放肆的一次，是因为刘姥姥再来"打抽丰"，有了她这个"凑趣"的角儿：

> 贾母这边说声"请"，刘姥姥便站起身来，高声说道："老刘，老刘，食量大如牛，吃个老母猪，不抬头!"众人先还发怔；后来一想，上上下下都哈哈大笑起来。湘云撑不住，一口茶都喷了出来。林黛玉笑岔了气，伏着桌子，只叫"哎呀!"宝玉滚到贾母怀里。贾母笑的搂着宝玉叫"心肝!"王夫人笑得用手指着凤姐儿，却说不出话来。薛姨妈也撑不住，口里的茶，喷了探春一裙子。探春手里的茶碗都合在迎春身上。惜春离了座位，拉着她的奶母，叫"揉一揉肠子"。地下无一个不弯腰屈背，也有躲出去蹲着笑的，也有忍着笑，上来替她姊妹换衣裳的。

这是何等痛快的笑声! 这是何等淋漓的宣泄! 众人物各显真形，本性大现，什么贵贱尊卑已暂且退隐一边。在如此氛围下进行的言语交际，其进程也势必是宽松、随意、自在的，哪里还有什么紧张和尴尬呢? 而由此联系到那既卑又贱的刘姥姥，我们又可获得新的认识，即以笑声消除言语交际的僵局，实在是我们大可有所作为的。

　　（二）哭声

　　与笑声相比，副语言哭声需讨论和研究的方面，要简单些。原因很明白，因为生活中哭就比笑少。一般地说，"多"总意味着复杂，"少"则意味着单一。而哭又是与笑相对立而存在的，所以我们这里将比照笑，有重点地说一说哭与感情方面的理论，认识言语交际中对哭的需要。

　　与笑相比，哭与感情更近，是更真实而纯粹的感情的自然流露。俗语中常说"赔笑脸"，而鲜闻"陪哭脸"，其原因就在此。人们笑的时候，很多情况下是理智决定的结果。比如说，为了迎合他人，或者为了欺骗他人，许多人都会在并不想笑的时候发出笑声。而哭就不一样了，它必须有真情实感的，装是很难装得像的。"假笑"，大都意味着阴险与迷茫；"假哭"则大都意味着不屑，意味着一眼就能看穿。

　　换言之，哭的感情是受到外界刺激而产生的，而笑往往是经理智辨别分析而产生的。试想如果没有遇上、没有看到或听到令人伤心的事，人哭得出来吗? 而笑则不一定是因为所见所闻本身具有令人发笑的因素，许多笑是因为当时的人和事认为应当笑、必须笑才笑的。唐朝杜牧诗云："多情却似总无情，唯觉樽前笑不成。"杜牧这里就有笑的理智，就认为他当时应当笑必须笑，不过他倒是讲真情有真情的。

关于哭与笑的这一感情上的差异，人们平时也许没有仔细想过，理论上的认识也许不那么清晰。但是，在潜意识中，在生活的逻辑中，人们是明白这一差异，并会由此选择处事处人的态度。所以，人们对于笑，常抱有某种程度的警惕；而对于哭，则总是寄予同情和怜悯。大概因为此，民间文学艺术中，对于哭的效果力量的描写便十分夸张：孟姜女可以哭倒长城，窦娥可以哭得六月飘雪，祝英台可以哭崩梁山伯的坟茔……这也就给我们言语交际以启示：如果正有那样的真情实感，那就不必克制与约束自己，可以选择充分发挥"哭"作为副语言的功用。

最后，关于哭与感情，还需要补充说明一点，这就是哭声与伤心程度的问题。这也是我们对于副语言哭的理性认识的一个重要方面。我们应当认识到，此二者之间的关系比较复杂，是不可定式化的。比如，哭的声音的大小与伤心程度的深浅不是成正比的。声音大，并不意味着感情上的创伤就深。相反，声音小，甚至不出什么声音，只是默默地饮泣，也可能是创伤痛深的表现，是最可担忧的。李白有诗云："泣尽继以血，心摧两无声。"杜甫亦有诗云："少陵野老吞声哭，春日潜行曲江曲。"唐诗坛双星对人生的如此描摹，对哭的这样感受与理解，是我们应当细加体味的。

总而言之，哭，与生俱来，世所时见。从主观和感情方面去认识哭，从与笑的比照中去认识哭，对于交际和语言，都是很有益处的。

第四章　交际语言艺术技巧

　　在前面三章中，特别是《历代交际语言艺术巡礼》和《交际语言艺术的非语言因素》两章中，我们的阐述已经涉及到了不少交际语言艺术的技巧问题。但那些是就某个人物的语言编码风格，或某次交流的信息传播色彩，从欣赏审美角度所做的个案分析评论。本章则旨在概括庞杂的交际传播现象，综合纷繁的口头表达实践，抽象出具有一定系统的交际语言艺术技巧的理论。

　　根据交际的实际需要和口语固有的特点，我们将交际语言艺术的技巧整理为两个大的方面：语法修辞技巧和逻辑思维技巧。

第一节　语法修辞技巧

　　语法分词法和句法两类，其内容是单词、短语、句子等语言单位的结构规律。修辞，是指说话作文时积极调动语言因素和非语言语素，为获取最佳表达效果而进行的语言加工实践活动。修辞是从表达方式，表达效果的角度去研究语音、词汇、语法的运用。修辞同语法的关系最为密切，讲究修辞要以语法为基础，合乎语法是讲究修辞的先决条件。修辞同语音、词汇之间也有复杂的关系，不少修辞方式是利用语音条件体现修辞效果的，而词汇则几乎为所有修辞方式提供了筛选、锤炼词语的方便条件。汉语言中，修辞借助语音、词汇、语言而形成的修辞方式多达 100 余种。我们这里拟介绍口语表达中出现频率最高的几种：比兴、双关、反复、对比、夸张、模糊、打油、显象。

一、比兴

　　比兴，即比喻和起兴。比喻，就是打比方，就是为了描绘或说明某事物（本体），把它比作另一性质不同的事物（喻体）。通过比喻，可以使深奥的道理浅显化，使抽象的事物形象化，使概括的东西具体化，其功用是十分广泛而重要的。而起兴，则是先言它物，造成某种氛围，以引出所要说的对象。但起兴和比喻常常是合二为一的，起兴的东西往往也含比喻的意义，所以我们这里一并加以说明。

（一）比喻

先看两个比喻的例子：

①我是站在巨人的肩膀上，而很多人自己做这方面的研究，是在地上爬。

②鲁迅在一篇文章里，主张打落水狗。他说如果不打落水狗，它一旦跳起来，就要咬你，最低限度也要溅你一身的污泥。

比喻可分为明喻、暗喻、借喻三种。明喻是要用"像"、"好比"等喻词联系本体和喻体的，比如"西湖像美女"，"老师好比蜡烛"，"爱情如蜜糖一般"。这样的比喻是交际中用得最多的。上面的两个例子显然都不属此类。前者是暗喻，有暗喻最常见的喻词"是"。①例是中科院数学研究所王元院士在重庆清华中学的一次演讲中说的。当时由于陈景润效应，社会上有数以千百计的人给数学研究所写信，自称解决了"哥德巴赫猜想"问题。他便直接指出自己和陈景润的研究与那些写信人的研究的不同，并把一个比作"站在巨人肩膀上"，另一个比作"在地上爬"，从而强调了那些自称解决了"猜想"的荒唐与可笑。至于②例，它是没有喻词的，是一个以喻体代替了本体的借喻。毛主席在《反对党八股》中引用鲁迅的这句话，用"落水狗"比喻代替了"挨了打的敌人"，这就突现了穷途末路的敌人挣扎拼命的特性。

一般地说，三种比喻是各有特点的。但相比较而言，暗喻和借喻使得本体同喻体之间的联系更直接更密切，所以其中的相似点也就得到了更多的强调，相似的程度也就比明喻更深。比如，俗语"困难像弹簧，你弱它就强"，比起另一版本："困难不是铁，不是钢，困难是弹簧。你强它就弱，你弱它就强"，很显然后者的比喻意趣是超过前者的。再如，美国黑人领袖马丁·路德金在一次著名演讲中曾说："我们今天是来兑现期票的，是来兑现美国宪法赋予黑人的民主自由这张期票的"，此话如改成"美国宪法赋予黑人的民主自由就像一张期票，我们今天是来兑现的"，虽实质含义并没有变，也依然是比喻，但比喻的意趣则无疑削弱了。

不过，这样说并不意味着明喻就不可取，也不意味着应当把明喻都改为暗喻或借喻。事实上，语言实际中，好的明喻还是大量存在的。近年来，美国华人中流传的一个比较日本人、美国人和中国人的做事方式的比喻，就很能说明问题：

在做事方式上，日本人就像下围棋，美国人就像打桥牌，中国人就像搓麻将。

"下围棋"的风格是指从全局出发，为了整体利益可以牺牲局部的某些利益；"打桥牌"的风格是指和对方团结合作，同其他联盟激烈竞争；"搓麻将"则是指孤军作战，"看住上家，防住下家，自己和不了，也不让别人和。"这比喻，生动、理性、深刻。它对国人狭隘妒忌劣性的批评，实在值得我们反省深思！

（二）起兴

说起起兴，我们会马上想起《诗经》中的"关关雎鸠，在河之洲，窈窕淑女，君子好逑"。这里就是先说鸟，以鸟起兴，然后由鸟说到人。并且，鸟的"关关"鸣叫，许多正是为了寻求异性，而那君子对淑女的追求岂不正与其相同？所以，这里既是起兴，又是比喻，可合而称为比兴。

比兴的例子在古诗中是很多的。除了这《诗经》中的"由鸟及人"之外，人们还很容易想起的，可能要算曹操的"由马及人"了。《龟虽寿》云："老骥伏枥，志在千里。烈士暮年，壮心不已。"显然，这是先说马，后说人，将老马喻老人，通过比兴抒发他自己的雄心壮志。不过我们这里并不打算深入讨论古诗中的比兴运用问题，我们想借此说明比兴手法，并由此引出对生活交际中的比兴手法的分析。

1. 寓言的比兴本质

《战国策》是一部国别体杂史著作，又是一部优秀的散文集。它具体生动地记载了战国时期谋臣策士游说各国的言行，其中，运用寓言故事说明抽象的道理，是最具艺术魅力的手法之一。所谓游说言行，就是当时社会生活中最重要的交流交际，而以寓言说明道理的"手法"的本质，就是我们这里分析的比兴。《狐假虎威》、《画蛇添足》、《鹬蚌相争》、《南辕北辙》等，哪个不是"先言它物，以引出正文"？而先说的寓言故事与后说的现实人事之间，又哪个没有比喻的关系呢？

再具体分析一例：

> 燕昭王求贤，郭隗曰："臣闻古之君人有以千金求千里马者，三年不能得。涓人言于君曰：请求之。君遣之，三月得千里马，马已死，买其骨五百金，反以报君。君大怒，曰：所求者生马，安事死马而涓五百金？涓人对曰：死马且买之五百金，况生马乎？天下必以王为能市马，马今至矣。于是不能期年，千里之马至者三。今王诚欲致士，先从隗始。隗且见事，况贤于隗者乎？岂远千里哉？"于是昭王师事郭隗，而乐毅、邹衍、剧辛等皆至燕。

郭隗说的这个"千金买骨"或曰"千金市骏骨"的故事是个寓言，它和燕昭王的求贤之间显然存在着情理上和逻辑上的密切联系。"买骨"是起兴，而以巨金买副马骨架，结果引来活千里马的故事，对于以巨金聘用郭隗，将会引来真贤才的估测，正是一个生动有力的比喻说明。

2. 日常的比兴运用

上面说的，是文学作品中的比兴，是政治外交中的比兴，制作者都是些文人和政客。其实，日常生活中，平民百姓也是经常使用比兴手法的。比如，一个敏感的女中学生常常因为担心别人议论她而苦恼，这现象在生活中是不少见的。那么，她的父母，她的老师，所有关心她的尊长，也许会先给她讲一个"祖孙二人骑驴"，或者是类似于的寓言故事。他们是想让她通过这样的寓言故事，明白"总听别人的议论，那就什么事也办不成"的道理。这就是在使用比兴的手法

让我们再说一个真实的故事。据报载：

> 有一位小学体育教师，在一次课上教孩子们传接实心球。实心球较重，容易脱手落地。时值盛夏，他灵机一动，问孩子们道："这两天大家吃西瓜了吗？"孩子们齐声回答："吃了！""好吃吗？""好吃！""让大家去搬西瓜，搬不搬？""搬！"接着，他又继续诱导学生一一答出：西瓜，是农民辛苦种植的，要爱惜劳动果实，搬的时候应当小心，应当双手用力捧住西瓜下半部，等等。最后，他才指着身边的一堆实心球说："这些是农民伯伯刚送来的西瓜，大家搬吧！"孩子们愣了愣神，轰然大笑，而后兴致勃勃地传接起实心球来，传的人还对接的人说"请你吃西瓜"，"请你吃西瓜"……

这样的启发式、互动式教学方式，无疑会达到上佳的教学效果。而上佳效果来自何处？归根结底，就是那"西瓜"之比，"西瓜"之兴。

二、双关

利用语音或语义因素，有意使语句同时关涉表面内里两种意思，目视左而心瞩右，言在此而意在彼。这样的修辞方式叫双关。

（一）双关的两个种类

就构成的条件和因素看，双关可分为谐音双关和语义双关两类。谐音双关是利用音同或音近的条件因素使词语或句子语义双关。语义双关是利用词语或句子的多义性条件因素在特定的语境中形成的双关。二者相比，语义双关更为常用。交际中恰当地运用双关手法，可使言语幽默风趣、含蓄曲折、生动活泼，以增强言语的表现力。

1. 谐音双关

唐代刘禹锡诗云："东边日出西边雨，道是无晴却有晴"；毛主席词云："我失骄杨君失柳，杨柳轻扬直上重霄九。"这就是两个谐音双关的例子。前者中的"晴"，是天晴，又谐声而指"情"。诗句表面上写天气，实际表现出主人公对对方感情半信半疑的复杂心理。后者中的"杨柳"，表面上指的是杨花和柳絮，实际上指的是杨开慧，柳直荀两位烈士，作者以谐音手法表达了对两位烈士的怀念与崇敬。

周总理的《在文艺工作座谈会和故事片创作会议上的讲话》中有这样一段：

> 一个人专心致志为社会主义服务，政治上懂得少一些，但是两年把导弹搞出来了，对国家很有贡献；另外一个人，天天谈政治，搞了五年也没有把导弹搞出来。你投票赞成哪一个人？我投票赞成第一个人。第二个人只好请他去当政治教员，他不能在导弹部门工作，他只能在导弹部门"捣蛋"。

"导弹"与"捣蛋"谐音，如此妙语关涉政治和业务两个方面，真可谓画龙点睛，对其时"只红不专"者的批评是幽默而辛辣的。

2. 语义双关

新中国刚成立时，上海有家理发店贴出了一副春联："新事业从头做起，旧现象一手推平。"注意到写这春联时的时代背景，了解它的特定语境，就不难看出"从头做起"和"一手推平"是语义双关的。它字面上讲的是理发，实质则寄托着人们除旧布新的愿望，表达了人们欢呼新社会的喜悦之情。

1976年清明节时，天安门广场上贴过这样一首诗："黄浦江上一座桥，江桥腐朽已动摇。江桥摇，眼看要垮掉，请指示，是拆还是烧？"此诗题为"向总理请示——"，如此特定的追悼总理的语境，让人一眼便能看出"江桥摇"乃谐音双关，而"眼看要垮掉"和"是拆还是烧"则为语义双关，请示如何毁桥是表，请示如何粉碎谐声所指的三恶人是实。

再说一个"严可畏"的例子。某日，某高校严姓老师一走进教室，发现黑板上赫然写着"严可畏"三字。严老师是教古代汉语的，平时治学严谨，教学严格，为人严肃。他一看到此三字，马上明白是学生因怨其"严"而送他的"雅号"。但他不愠不怒，不急不躁，于讲台前稍加注目停顿，便对学生朗声说道："真正可畏的是你们！"学生们一时不知所措，他接着说："不是吗？后生可畏嘛！但为了你们这些后生真的可畏，超过我们这些老朽，我这严老师怎可名不副实呀！"教室里掌声笑声四起。严老师这里正是利用了词语的多

义性，曲解"可畏"，巧设双关，表达了他对学生严格训练、严格要求的良苦
用心和继续"严"下去的决心，不能不令人赞叹！

(二)常见的双关现象

双关是人们交际时用得很多的一种修辞方式。那么，生活中，语言材料
中，有哪些常见的双关现象呢？

1.歇后语

民间喜闻乐见的歇后语中，有不少是借同音或近音构成双关手法的。
例如：

　　　　拉着胡子上船——牵须过渡(谦虚过度)

　　　　山顶滚石头——石打石(实打实)

　　　　外甥打灯笼——照舅(照旧)

交际语言中适时适量地出现这样的歇后语，效果之好，自不必说。不
过，我们在使用或制造这样的歇后语时，须注意双关内容的思想性，应力求
文明健康。民间的东西有易俗趋鄙的一面，克服它是语言纯洁的需要。

2.起名号

给人起名、起绰号，人们也常用谐声双关。《红楼梦》贯穿头尾的两个人
物，一个叫甄士隐，一个叫贾雨村，其实质就是暗示此书故意将"真事隐"
去，令"假语存"焉。这和书中几次说到的一副对联——"假作真时真亦假，
无为有处有还无"，是异曲同工的。此外，贾府的"元春、迎春、探春、惜春"
四姐妹的名字前四字正与"原应叹惜"谐音，则暗示了她们悲惨的命运。至于
贾府的几个令人生厌的清客帮闲者，作者更以起名的谐音双关手法对他们进
行了贬斥，他们分别是詹光(沾光)、单聘仁(善骗人)和卜固修(不顾羞)。"
起名谐音最坏的，是贾芸的那个六亲不认的母舅，他叫卜世仁(不是人)。

文学作品中的现象，是日常生活现象集中而典型的反映。我们每一个人
的社会交际中都会遇到起名、起绰号考虑谐音双关效果的情况。我国有一位
著名马克思主义理论家叫艾思奇，其姓"艾"就是与喜爱的"爱"谐声双关的，
这表现出了他对人生理想的追求。至于起绰号的谐音双关，其效果更是非同
寻常。据报载(1988年5月20日《解放日报》)，德国一企业家撰文称，"气
管炎"(妻管严)一词已翻译成好几种文字了，黄、白、黑、红，各色"气管炎"
都有，这样的影响实在不一般。对生活中的这一文化现象，我们应当去粗取
精，为己所用，让我们的言语中多一些民间的生动活泼的东西。

3.反击法

交际中，遇到傲慢的态度、轻狂的言辞、蓄意的挑衅是常有的事。而如

果针锋相对、声色俱厉,那就会有失气量与风度。因此,双关便成为人们惯用而有效的反击法之一。

第一届中日围棋擂台赛上,现场险象环生,大起大落。中方江铸久连破五关,眼看可直捣黄龙。不料日方小林光一连斩六将,长驱直入,直逼至我方主帅帐前。聂卫平按计划飞抵日本攻擂。赛前,日方安排他游览了扇奇展望台展望台,面临大海,下有70余米深的悬崖。追踪而来的日本记者,对聂主帅说了一番意味深长的话:"这里以前是有名的自杀之地,年年都有许多失意者在我们现在站着的地方,眼一闭,身一纵,很少有得救的。所以后来用铁柱、钢化玻璃拦住,成了著名的风景区。聂先生玩得怎样?兴致如何?"这番话表面上温和有礼,可骨子里是很刻薄的。它的潜台词是:"你要是输了棋,可不能想不开啊!"聂主帅面对挑衅,缓缓答道:"是啊,我现在是背水而站,一步退路也没有了。"此答寓庄于谐,涉景成趣,一语双关。"站"与"战"同音,似言他乡览胜,实指异邦攻擂,好一派"风萧萧兮易水寒"的气概!反击得法,反击得力。

再说一个关于杨国忠的民间故事。

> 某日,杨骑马到郊外春游。回城时迷了路,遇一老农,便以马鞭指着老农问道:"喂,进城的路怎么走?"他态度十分傲慢,一脸不屑的神情。谁知老农并不买账,而且颇有胆识,竟回答说:"路怎么会走?路是不会动的呀!"杨无奈,欲再问,老农又抢着说:"别烦我。东村有匹马下了头牛,我要去看稀奇呢!"杨不明就里,忙追问:"马下牛?独独不下马呢?"老农抬头上望,答:"说的是呀,谁知这畜生怎么不下马呢?"

老农的反击语义双关,实在是高!杨氏开始自高自大、自命不凡,结果却自讨没趣、自取其辱,而且还不好发作,无从宣泄。

三、反复

反复就是为了突出强调什么而特意重复某个词语或句子。这一修辞方式,可分为连续反复和间隔反复两类。如《国歌》所唱:"起来!起来!起来!我们万众一心,冒着敌人的炮火,前进!前进!前进!进!"即连续反复如蒋光慈《哀中国》的名句"我不相信你永远沉沦于浩劫,我不相信你永无重兴之一日",是间隔反复。而鲁迅的名句:"沉默啊!沉默啊!不在沉默中爆发,就在沉默中灭亡",则为二者结合,先连续反复,后间隔反复。

很显然,无论是连续的还是间隔的,反复都具有突出思想、强调感情、加强节奏的修辞效果。另外，无论是严肃的主题，还是通俗的主题，人们表达时也都惯常使用反复手法。马丁·路得金在林肯纪念堂发表的著名演讲《我有一个梦想》中，"我梦想有一天"一句，从"国家实现其信条的真谛"到"黑人男孩和女孩能与白人男孩和女孩情同骨肉，携手并进"，全篇反复多达6次；三毛的《不要问我从那里来》凄婉悱恻，动人心魄，靠的就是对以"小鸟"、"小溪"、"草原"和"橄榄树"为美好往昔代表的反复再三的咏叹，靠的就是对人生、命运、心灵的反复再三的质询——"为什么流浪，流浪远方，流浪?"

"反复"这一辞格如果与其他一些辞格合用，那效果将会更佳。比如，上面三毛的歌词里，就结合使用了"顶真"。下面说两种最常见的情况。

（一）与押韵合用

请看一段越剧《碧玉簪》中女主角李秀英的唱词：

你不要多言多语多相劝，害得我，多思多想多心酸。怪爹娘，错选错许错配人，配了你这个负情负义负心汉。我也曾好声好气好言问，你却是恶言恶语恶待看。我主婢，受苦受辱受到今，害得我哭爹哭娘哭伤肝。既然你是大富大贵的大状元，你就该娶一个美德美貌美婵娟。

这一段唱词，可能是文学作品中运用间隔反复最多最长的范例了。每当人们观剧至此，无不感到荡气回肠，痛快淋漓! 何以能如此? 这当然首先在于故事本身：一个尚书家的千金，嫁得翰林之子，本应是金屋藏娇，荣华享尽，可结果却因小人作祟，诬其不贞，备受夫君冷落、贬损、辱没，而终于在真相大白之日愤然抱病返回娘家。夫君王玉林后悔莫及，转而进京赶考，得中状元，再赴李府赠凤冠赔罪。但是，李秀英前羞难消、前恨难平、不为所动，仍情断义绝、如泣如诉地唱了这么一大段……感受爱情的不幸，体味人生的炎凉，观众自然成为李氏的同情者。然而，这里面如果没有与押韵合用的反复，故事产生的效果，观众"倒向"和"同情"的程度，是肯定不一样的。

如此连缀的反复，强烈渲染了李氏怨、悲、恨的情绪和气氛。而"劝、酸、汉、看、肝、元、娟"，一韵到底，则更增添了声音和谐之美，令人记忆深刻，回味无穷。当然，交际语言要达到这样的程度和效果，那是很困难的。但"反复加押韵"的艺术作用是普遍存在的，口头表达也常用此法，常借助此法以获取效果应当没有疑义。比如，人们贬斥当今买官卖官的现象就有这样一种说法："不跑不送，原地不动；只跑不送，平级调动；又跑又送，提拔重用。"再如，"当代毕昇"王选院士曾说他的座右铭是"多做好事，少做错事，不做坏事", 还说他很欣赏中国古代的一句话——"上士忘名, 中士立名, 下士窃名", 也很喜欢北大学生的一种说法——"不要急于满口袋, 先要满脑袋, 满脑袋的人最终也会满口袋。"这些话, 所以给人印象深, 对社会影响大, 也是离不开这"反复加押韵"的艺术手法的。

　　（二）与排比合用

　　间隔反复, 与排比共存共现, 是一种更为多见的辞格综合运用现象。例如:

　　　　我们要取得改革的成功, 就必须尊重人才, 欢迎人才, 利用人才。

　　例句中"人才"出现三次, 是反复; 从句式看, 结构相同, 意义相近, 语气一致, 则又是排比。同样的意思, 如果换一个说法, 以"必须重视人才问题"取代, 虽意思一样, 但语句的气势就会减弱许多, "人才"强调的程度也就会显得不够。所以, 在语言实践中, 特别是在表现某种激荡的情感时, 人们都常常选择这种综合运用反复与排比的句式。

　　《西游记》第二十七回"三打白骨精"一节, 孙悟空虽屡屡识破并粉碎了妖怪的阴谋伎俩, 但总不能取信于师父唐僧, 动辄遭受"紧箍咒"的折磨, 最终还被赶回了花果山。京剧在改编此节时, 增添了孙悟空敢于反抗的个性, 让他批评责备了唐僧——"你黑白不分, 人妖颠倒。你这是: 行的什么善? 拜的什么佛? 取的什么经?"这就是一段综合运用反复与排比的唱词, 它所表现的孙悟空的冤屈与义愤, 唐僧的糊涂与狠心, 使听众受到了极大的震动。

　　根据《水浒传》第七回到第十回改编的京剧《野猪林》, 写林冲被高俅、陆谦陷害, 职削家破, 刺配沧州。八十万禁军教头的林冲, 虽有浑身武艺, 却蒙冤受辱于太尉高俅。他抚今追昔, 悲从中来, 不禁放声道:"问苍天, 何时得返故乡里? 问苍天, 何时夫妻能团圆? 问苍天, 何时重挥三尺剑?"这也是选择了反复加排比的句式, 让林冲的无奈、愤懑和幻想, 在悲声中得到了极充分的体现。

四、对比

　　凡读过鲁迅《野草》的人, 凡和鲁迅一样有过"当我沉默的时候, 我觉得充实; 我将开口, 同时我感到空虚"这样的心理体验的人, 可能都忘不了其"题辞"中的这样一句话:

　　　　"我以这一丛野草, 在明与暗, 生与死, 过去与未来之际, 献于友与仇, 人与兽, 爱者与不爱者之前作证。"

中国科学院院士、英国诺丁汉大学校长、著名学者杨福家，他针对近年来我国高校建设中浮华之风的批评，也给人们留下了极深刻的印象：

> "现在不少大学热衷于盖大楼，却不注意营造推崇大师、吸引大师、培育大师的氛围。还是清华老校长梅贻琦说的好：'大学者，非大楼之谓也，乃大师之谓也！'我们应当分清大楼和大师的轻重。"

这是两个很能说明对比辞格功用的例子。所谓"忘不了"、"极深刻"，分别是离不开"明暗"、"友仇"、"人兽"等系列对比和"大楼"与"大师"的反复对比的。很显然，这两个对比，都将客观上对立统一的关系表达得更集中了，所要强调的一方面也就更加鲜明突出了。而细加分析，我们又可看出，这两个对比是有区别的：前者即相对两体的对比，说的是一组根本对立的事物；后者是一体两面的对比，说的是高校建设中的两个方面。

（一）相对两体对比

相对两体的对比，一般地说，可以使美的显得更美，好的显得更好，大的显得更大，丑的显得更丑，坏的显得更坏，小的显得更小，等等。这样的例子，在古诗中是很多的，如："青山有幸埋忠骨，白铁无辜铸佞臣"，"悲莫悲兮生别离，乐莫乐兮新相知"，还有"农夫心内如汤煮，公子王孙把扇摇"，就都有这样的功用。

再欣赏一下现代著名诗人臧克家《有的人》中的三节：

> 有的人活着，
> 他已经死了；
> 有的人死了，
> 他还活着。
>
> 有的人，
> 他活着别人就不能活；
> 有的人，
> 他活着为了多数人更好地活。
>
> 他活着别人就不能活的人，
> 他的下场可以看到；
> 他活着为了多数人更好地活着的人，
> 群众把他抬举得很高很高。

此诗是为了纪念鲁迅逝世十三周年而写的，发表后广为传播，美评如潮，至今已成为传世之作。而所以能如此，正在于诗人将鲁迅与截然相反的"有的人"进行对比，阐发了根本不同的两种人生态度和价值，揭示了深刻的人生哲理。恩格斯在《致斐·拉萨尔》的信中说："我相信，如果把各个人物用更加对立的方式彼此区别得更加鲜明些，剧本的思想内容是不会受到损害的。"臧克家笔下的鲁迅形象所以高大伟岸，正是因为他采用"对立的方式"（即对比），使其与相对相反者"区别得更加鲜明了"。

（二）一体两面对比

与"相对两体对比"不同，一体两面对比是把同一事物中矛盾对立的两个方面放在一起来说，以求说得更透彻、更全面、更引人。鲁迅先生的"横眉冷对千夫指，俯首甘为孺子牛"，雷锋同志的"对同志像春天一样温暖，对敌人像严冬一样冷酷"，就都是一体两面对比。

2005年秋，台湾著名学者李敖到北京大学演讲，开场时说："今天，准备了一些'金刚怒目'的话，也有一些'菩萨低眉'的话，但是你们这么热情，我应该'菩萨低眉'的话多说一些。"台下学子们一片兴奋，却又井然静待。效果何以如此快而好？原因就在于"金刚怒目"和"菩萨低眉"这融于演讲一体的两面对比。通常，人们听惯了的是："今天，我准备说两个问题。"但李敖就是特别，他不这样说。他的"金刚"和"菩萨"反差是这么大，对比是这么鲜明，他到底会说些什么呢？学子们自然要翘首以待，洗耳恭听了。

还有这样一个故事：一女孩与其母在公园内散步。女孩看见园中的竹林，可能突然想起了学校里老师刚教过的称赞竹子的课文，于是谈到要学习竹子不怕严寒、宁折不弯的品质。可母亲听了这话，并不如人们通常见到的那样对女孩加以肯定和表扬，而是指着身旁的柳树缓缓补充道："也要学习柳树插到哪里就在哪里存活成荫的本领。"我们认为，这位母亲培育子女的意识是非同一般的，她希望孩子既有坚强刚毅的一面，又有靓丽生动的一面。而且，她把孩子成长过程中矛盾对立的两个方面，以"柳树"对比"竹子"的形式表达出来，于是在孩子思想上形成的刺激，留下的印象就会很深刻，是一般说教形式所不能达到的。

五、夸张

说起夸张，如果问及最夸张的例子，人们立刻会想到李白的"飞流直下三千尺，疑是银河落九天"，还有"白发三千丈，缘愁似个长。"由此可见，故意言过其实，对客观的人或事物做非客观真实的描述，这样的修辞方式就叫做夸张。但李白的这两个例子只是夸张中的一种，与其并列的还有两种。下面，我们就分别说明夸张的三个种类，并在此基础上对夸张加以必要的辨析。

（一）夸张的种类

夸张，可分为扩大夸张、缩小夸张和超前夸张三种。

1. 扩大的夸张

扩大的夸张，是三种夸张中用得最多的一种。而所谓的"扩大"，又有若干不同的情形，如李白二例，是极言其高、其长的，此外还有极言其多、其快、其强，和极言范围之广、程度之深的，等等。

例如：

①北方有佳人，绝世而独立。

　一顾倾人城，再顾倾人国。

②隔壁千家醉，开坛十里香。

例①是汉人李延年极言其妹貌美，夸赞其妹美到了能使一座城，甚至一个国家因她看一眼而倾覆的程度。例②这副酒家的对联，则极言酒气香醇，酒味浓重，从距离和范围上夸大了其酒优良品质的影响。

再举一个大发明家爱迪生的例子。据说，最初发明电话时，人们普遍不理解电话是什么，爱迪生便这样描述道：这就像有一条大狗，从伦敦到爱丁堡那样长，只要你在爱丁堡拉住它的尾巴，它就会在伦敦叫起来。这是一个比喻和夸张手法相结合使用的例子，是辞格的兼属现象。狗当然不可能有那么大，但人们并不以为怪，而是从这一与比喻结合的扩大夸张中，形象地认识了新事物——电话。日常生活中，像爱迪生这样运用扩大夸张的例子，是屡见不鲜的。

2. 缩小的夸张

此类夸张是故意将事物往小里说。毛主席词《念奴娇·昆仑》云："而今我谓昆仑，不要这高，不要这多雪。安得倚天抽宝剑，把汝裁为三截，一截遗欧，一截赠美，一截还东国。"昆仑山那么大，如何裁？这几句用的就是缩小的夸张。毛主席诗《七律·长征》里还有这样两句："五岭逶迤腾细浪，乌蒙磅礴走泥丸。"其中，"腾细浪"、"走泥丸"也是缩小的夸张。著名诗人公木对此赏析道：

　五岭逶迤，乌蒙磅礴，形容五岭绵延千里，乌蒙广被四塞，极
　力往大处说；而在"迈步从头越"的红军眼中看起来，那绵延千里的
　五岭也不过像细浪在腾跃，那广被四塞的乌蒙，也只是像泥丸在滚
　动，又尽量往小处说。愈说得大，愈见越过它之不易，愈见"远征"

之难；愈说得小，愈见"红军不怕远征难"，愈见是"只等闲"。在这
小与大，亦即主观与客观的辩证统一当中，便表现出红军的坚强、
豪迈。①

不用说，公木先生的赏析是很精辟的。我们从中可以清楚认识到，缩小
的夸张，其修辞功用绝不亚于扩大的夸张，而如毛主席这样综合并列地运用
扩大与缩小两种夸张，则称得上是相得益彰，锦上添花。

再看几个日常生活交际中的例子：

①一眨眼的功夫

②一根汗毛也没碰断

③连根针掉地下都听见响；

④连眼都不眨一下

例①极言时间之短之快；例②极言遭遇突发事故或外来打击后，身体毫
无损伤；例③极言掉落物件细小，却砰然有声，以强调超常的静寂；例④极
言遇变不惊，胆识过人，即古人所云"泰山崩于前而色不变"，常用来夸赞英
雄人物。日常生活交际中，像这样缩小夸张的例子也是很多的，而并非诗文
的"专利"。

3. 超前的夸张

所谓超前夸张，是指在表述时故意将事物发展过程中后出现的情况说成
是先出现的。比如，面对茁壮的麦苗，农民会说："都闻到馍馍的香味了"；
感受腹中的胎动，孕妇会说："都听到孩子的哭声了"，此二者就都是超前夸
张。馍馍未蒸，哪来香味？孩子未生，哪来哭声？表面上似乎不合情理，逻
辑混乱，但通过这样的修辞渲染，农民、孕妇的成就感和幸福感却得到了突
出的表现，效果是非同一般的。

（二）夸张的辨析

夸张，乍一说好像连中小学生也清楚明白，其实并不然。这因为，汉语
中的"夸张"一词，既指如前所述具体的修辞手法，又指相对抽象的文学艺术
创作手法，倘对此二者疏于辨析分辨，便会产生混同的错误。我们在研究中
就发现，不止一本应用语言类专著，将明代陆灼的《艾子后语》中写古齐国一
健忘者的笑话作为夸张修辞手法的实例，而这就是将语言修辞手法的夸张和
文艺创作手法的夸张混同视之了，是一个典型的错误。

请看有关健忘者的那则笑话——《病忘》：

_____

① 《毛泽东诗词鉴赏》第 99 页。

齐有病忘者，行则忘止，卧则忘起。其妻患之，谓曰："闻艾子滑稽多知，能愈膏肓之疾，盍往师之？"其人曰："善。"于是乘马挟弓矢而行。未一舍，内逼，下马便焉，矢植于土，马系于树。便讫，左顾而睹其矢，曰："危乎！流矢奚自？几乎中予！"右顾而睹其马，喜曰："虽受虚惊，乃得一马。"引辔将旋，忽自践其所遗粪，顿足曰："踏却犬粪，污吾履矣，惜哉！"鞭马，反向归路而行。须臾抵家，徘徊门外曰："此何人居，岂艾夫子所居邪？"其妻适见之，知又忘也，骂之。其人怅然曰："娘子娘子，素非相识，何故出语伤人？"

这是一则很精彩的笑话。但所以精彩，并非因为作者运用了夸张的修辞手法。推敲健忘者的言语和行为，分析他的"或惊或喜"，从逻辑上看并无问题，我们也找不到任何"扩大"、"缩小"和"超前"的痕迹。健忘者的问题出在"健忘"上，作者正是抓住了这一点，充分发挥想象力，高超运用夸张的创作手法，曲尽其妙地做足"健忘"的文章，从而取得了极其精彩的效果。

六、模糊

模糊是人类自然语言的固有属性。

模糊语言的主要特质是语义模糊，即具有不精确性和非量化性。它的产生有两个方面的原因：一是因为事物的运动变化是绝对的，决定事物存在方式的内外部因素是复杂多样的，而人们的认识能力和驾驭能力是有限的；二是因为人具有运用界限不明确的概念的能力，模糊通常并不影响人们的交流与沟通，而精确有时却使交际产生隔阂和障碍。所以，从理论上弄清语言模糊的本来面貌，并在实践中注意利用语言的模糊特质，对于交际是很有必要的。

（一）词义模糊与句义模糊

词义模糊是指词语本身模糊不清，所包含的范围难以明确地界定。比如，我们日常说的"大"、"好"、"公司"、"广场"、"讲文明"、"爱祖国"，等等，其本身就都是模糊的，人们在运用它们时所指都只是一个概数，实际上可能有很大的差别。

句义模糊是指一个语句就其成分词和词组而言，意义虽比较明确，但整个语句的含义是模糊的，句子还别有所指。比如，我们常在报上看到这样的消息：某国政府限定另一国某使节于几日之内离开他们国家，原因是此人进行了"与他身份不符的活动"。这句说明原因的话就是模糊的，它实指"间谍活动"，但出于外交礼节的需要，故意不明确地说出来。

（二）模糊的功用

模糊语言的功用是多方面的。特别是句义模糊，它与交际中隐秘潜在信息的传播相关，其功用更值得研究。

1. 高度概括，综合性强

我国改革开放之初，著名演讲家曲啸曾赴美国考察。考察结束之际，有记者在机场问其考察的感受。他回答说："美国毕竟是美国。""毕竟"有"终归"、"到底"之义，没有什么是不可以"毕竟"的。这样的模糊，把美国的历史与现实、宏观与微观、充裕与缺失、光明与阴暗都包含进去了。你可以从任何一个角度去理解他的回答。这样的概括，其程度还不高？其综合性还不强吗？

团结工会主席出身的波兰前国家总统，瓦文萨对美国也曾说过一句意味深长的话："美国人只尊重富人、聪明人和强硬者。"何谓"富人"、"聪明人"、"强硬者"？它们都是模糊的概念，然而这句话却又让人明晰地想起许多国家许多人。而所以如此，就也因为这些模糊概念是高度概括和综合的。

2. 鲜明生动，感染性强

据报载，1975 年，美国曾举办过一次诺贝尔奖得主的大聚会。会间，有记者向来自世界各国的大师巨匠们提了这样一个问题："哪所大学的实验室给你的印象最深？"一老者答："幼儿园，分吃苹果。"这回答简直不着边际！然而正因为其字面上的模糊，内容却特别丰富而生动，让人想起从孩提时起培育公平、礼让、诚信、互助等品质的重要性。老者的回答获得普遍认同，与会者报以热烈的掌声。

这是句义模糊，再看一个词义模糊的。通常，表现中国的幅员辽阔，气势宏伟，人们常用"巍巍昆仑，滔滔黄河"这一联句。然而，古都南京人说起金陵王气，亦好用"钟山巍巍，扬子滔滔"的联句。昆仑山，长 2500 公里，海拔 5000～7000 米，而又名紫金山的钟山，长仅 7 公里，最高处仅 448 米，但它们都被称赞为"巍巍"，由此可见词义模糊性之大。另外一点，人们无论是称赞昆仑山还是称赞紫金山，或者称赞其他什么山，通常都不引用科学测定的数据，而习惯使用如"巍巍"一般的"高耸"、"矗立"、"横亘"、"绵延"等模糊词语，这就是因为模糊词语往往比精确的科学数据更加鲜明生动，感染性更加强烈。

3. 委婉含蓄，回避性强

据传，周恩来总理很善于此道。一次，某外国记者问："中国人民银行有多少资金？"周总理回答："18 元 8 角 8 分。"众人听此，无不愕然，但随即报以热烈的掌声和笑声。为什么？当时，人民币最大面值为 10 元，10 元以下元、角、分的数量又分别有 5、2、1 三种，这样 10 个币种的面值相加，即为"18 元 8 角 8 分"。很显然，这是一个貌似精确，实质模糊的回答。国家银行的资金，应为财政金融机密，是需要回避的。但周总理并没有选择"无可奉告"之类刻板的外交辞令，而答以"18 元 8 角 8 分"，实在称得上机智、含蓄而幽默。他表现出了大家的风度风范，人们自然由衷敬佩。

再举一个著名电影演员、报告文学作家黄宗英的例子。黄宗英，原为中国电影皇帝赵丹的夫人。20 世纪 80 年代初，赵丹不幸病逝后，传出黄宗英欲再嫁的消息。有记者就此向黄本人求证，问她将嫁给谁。她回答说："我嫁过高山，再嫁，就嫁给大海。"（另一"版本"是："我已嫁过大海，就不准备嫁给小河，要嫁就嫁给汪洋。"）其时，黄宗英已年逾花甲，嫁人对于她无疑是个敏感问题，是需要回避的。而后来的事实是，她再嫁给了赵丹的好友——著名文学翻译家、出版家冯亦代先生。串联起这生活的曲折历程，体味这人生的悲欢与浪漫，我们觉得，黄宗英的回答委婉而得体。不论是哪个版本，都既是回避，又是暗示，嫁给"高山"、"大海"和"汪洋"的句义是模糊的，但又分明是一种含蓄的美好象征。

七、打油

打油源自打油诗。我们把交际中以打油诗，或者模仿打油诗的风格来表达思想感情的修辞方式，统称为打油。而所谓打油诗，即一种不拘平仄韵律，内容通俗诙谐，多用于玩笑场合的旧体诗。

也许有人会说，这毕竟是做诗，这样的方式不适合交际语言即兴和瞬时的实际的。那么，这里就又有一个对交际语言材料类型的认识问题。交际中，语言材料是瞬间即兴从大脑中搜寻到的。但搜寻的对象中，除了庞杂零散的材料之外，还应当包括那些原本就组合好的成品材料。一个人的交际语言能力，即口才，是建立在他大量占有"成品材料"的基础上的。这就是说，我们也应当注意积累自古而今的打油作品，包括积累自己根据生活感受所进行的打油创作，为自己的交际准备着。而且，长期积累，熟能生巧，遇事即兴打油也不是不可能的。还需要指出，在日常交际中引用打油诗，或者采用打油的方式，比起严谨严肃的论述，比起借助"马克思说过"之类，显然更适合口头形式。

（一）古代打油选粹

1.《咏雪》

相传，打油诗是由唐人张打油首创的，所以有这个名称。张打油的打油诗代表作是《咏雪》：

> 江上一笼统，井上黑窟窿。
>
> 黄狗身上白，白狗身上肿。

由此可知，打油诗只要句尾押韵即可，它的确语言俚俗，轻松滑稽，易于传播。另外，此诗在形象的把握上也很独特，尤其是"井上"与"白狗"两句，既是口语化的，又可谓雪景的典范描写，所以至今为人津津乐道。

2.《弄瓦》

宋代的苏洵有一位朋友叫刘骥。苏26岁那年，妻生下第二个女孩，满月时邀刘赴宴。刘大醉，吟《弄瓦》一首：

> 去岁相邀因弄瓦，今年弄瓦又相邀。
>
> 弄来弄去还弄瓦，令正莫非一瓦窑？

古人生男孩叫"弄璋"，生女孩叫"弄瓦"，原意是男女孩所玩物件不同。刘骥曲解弄瓦，戏谑苏洵，实在令人喷饭。而且，这等打油式的戏谑，还突出表现了朋友间的亲密，作用是多方面的。

3.《翁仲》

清康熙年间，某日皇帝出游，一翰林学士随驾。途中，遇石人像，那位学士错将"翁仲"称为"仲翁"。康熙皇帝听毕大笑，并即刻吟《翁仲》诗一首：

> 翁仲如何读仲翁，想必当年少夫功。
>
> 从今不得为林翰，贬尔江南做判通。

"翁仲"乃秦时阮翁仲，身长丈余，异于常人，始皇命他出征匈奴，因立功死后得铸铜像立于咸阳宫外。后世袭称其铜像、石像为"翁仲"。康熙皇帝对那位翰林学士的打油嘲笑是辛辣的，而诗中故意倒置"功夫"、"翰林"和"通判"，则更显得妙语连珠，谐趣横生。

4.《六尺巷》

清康熙年间，还有一位翰林学士叫张英，后任礼部尚书。他是安徽桐城人，某日接家中来信，称吴姓邻居盖房欲越界施工，希望他设法干预。结果，张只复信一封，且里面只有打油诗一首：

> 一纸书来只为墙，让他三尺又何妨？
>
> 长城万里今犹在，不见当年秦始皇。

家人遵其嘱退让三尺，而邻人得知"诗情"后，亦退让三尺，桐城于是有"六尺巷"问世，至今犹存。应当指出，事情的这一结果与"打油"的魅力是分不开的。而且，张英的这首打油诗，如今已成为许多人熟知的本节前所说及的"成品材料"，人们常常引用它来劝解利益发生冲突的双方。

（二）现代打油种种

1. 政治性打油

这是从思想内容的角度来说的。我们知道，古代的打油，多为弄巧搞笑而运用。然而，现代的打油，却有不少关涉严肃的政治，虽也还搞笑，但"笑"已退至次要地位。请看下面的几个例子：

> 南京民谣（鲁迅·20世纪20年代）
> 大家去谒陵，强盗装正经。
> 静默三分钟，各自想拳经。

> 原子弹（陈毅·20世纪60年代）
> 你有原子弹，我有原子弹。
> 大家都有弹，协议不放弹。

> 莫猖狂（许世友·20世纪70年代）
> 娘们秀才莫猖狂，三落三起理应当。
> 谁敢杀我诸葛亮，老子还他三百枪。

第一首，鲁迅借"南京名谣"之嘴，对蒋家王朝成立之初内部勾心斗角，各怀鬼胎的情况进行了讽刺。第二首，在美国挥舞核大棒，对我国进行威胁讹诈的形势下，陈毅从容谈兵，阐明立场。第三首，为"四人帮"篡党夺权嚣张气焰所迫，许世友挺身而出，亮明"保邓"底牌。打油的方式方法，打油的艺术技巧，如此广泛地关涉政治的各个方面，如此被政治家、军事家和文学家们共同运用，充分说明了它是群众所喜闻乐见的，充分表现了现代社会生活交际大有它的用武之地，充分启迪了我们应当注意对它的学习和运用。

2. 剥皮性打油

这是从表达形式的角度来说的。现代打油作品中，有些是模仿套用著名古诗的外壳而成的，人们称之为剥皮性打油。例如：

> 窗外太阳光，照得头发烫。
> 举头望老师，低头入梦乡。

> 山外青山楼外楼，公款歌舞几时休？
> 香风熏得诸公醉，九州处处作杭州。

> 本人也盼党风好，惟有官位忘不了。

> 只要职务升三级，权术自然不搞了。
>
> 本人也盼党风好，只有车子忘不了。
>
> 且等上海换奔驰，特权即刻取消了。

显然，第一首仿照的是唐·李白的《静夜思》，第二首仿照的是南宋·林升的《题临安邸》，第三首则是新版《〈红楼梦〉好了歌》。这样的打油，因为有现成的模本，所以创作上难度要小，要容易些。但由于所摹均为名家上乘之作，剥皮打油在传播流传上却能占得先机和便宜，受到广泛的欢迎。笔者在教学中，某次分析前所述及宋人刘骥的《弄瓦》一诗时，突发灵感，亦曾当堂剥皮一首，也获得了学生的掌声奖励。此诗是：

> 弄璋弄瓦古有别，重男思想不足道。
>
> 可叹今人还轻女，要到医院做 B 超。

3. 新样式打油

古人的打油诗，基本上都是五言或七言的。虽然有流传过"三句半"的说法，如"夕阳照山庄，走来一姑娘，金莲只三寸——横量"等，但数量较少，未成气候。而且，这还很可能是近现代人假托古人的。现今，民间的打油样式变化发展很大，称得上是"长长短短格式变，短短长长花样翻"。为说明问题，下面精选几例：

某市城郊结合部有一村落，因附近水泥厂污染严重，村民们苦不堪言。事情反映到当地媒体，在电视台记者来采访时，不少人的回答中都有这样一串话：

> 一年四季都受害，
>
> 窗户不能开，
>
> 被子不能晒，
>
> 锅台上盖麻袋。

这乍看起来像是古体绝句式的打油诗，但各句字数不一，有五个字六个字，也有七个字的。然而，它的"不规范"并未影响传播效果，当晚电视台播出此条新闻，声、像、音、情的结合引起强烈反响，那家水泥厂不久终于停产了。

所谓句式不规范的打油，还有二句三句的。比如，讽刺后门洞开，私情大于一切，人们说"十个公章，不如便条一张"，而不说"一张便条"，要的就是这打油的效果。再如，反腐败中，针对某些部门单位领导班子整体问题严重的现象，人们尖锐指出："问题全在前三排。要挖根子，还去主席台。"真正是融诙谐和深透于一处，既让你发笑，又让你心惊。这些例子都是产生过很大社会影响的，因而我们甚至感到，规范的五言七言句式是达不到如此效果的。

举了许多例子，似乎新样式打油的内容都是负面的。这需要指出，由于打油自身诙谐玩笑的特质，更适合讽刺、鞭挞的要求，所以交际中其阴暗一面即负面的例子的确占大多数。光明一面即正面的例子要少一些，但也有影响广泛，脍炙人口的。比如，20 世纪 90 年代流传过的这样一首民谣：

多吃菜，

少喝酒，

听老婆的话，

跟党走。

这首民谣称赞了妇女们起监督作用，男人们乐意奉行的利国利民利家之道，受到普遍欢迎当是情理中的事。

4. 名家的打油

我们知道，打油也是一种传统文化现象。可正宗的古典文学压根儿并不欣赏打油，文人士大夫虽也有偶尔为之者，但那是为了打趣，骨子里仍然是轻视、看不起打油的。然而，现当代骚人墨客、名家大家中，热爱打油并时时为之者却比比可寻。前面的阐述中，我们已经分析过鲁迅《集外集拾遗》中的《南京民谣》，这里还想介绍的是：历尽坎坷、身世传奇的杂文大家聂钳弩的《散宜生集》；书法家、教育家、文史学家启功的《启功絮语》；画家、散文家黄苗子的《牛油集》；翻泽家荒芜的《纸壁斋集》；翻译家杨宪益的《银翅集》；曾任毛主席秘书的李锐的《龙胆紫集》，等等，其中就都也有不少打油作品。此外，像诗人邵燕祥，画家黄永玉，学者赵朴初等，亦都是不弃俚俗，好以纯白话语入诗的名家名流。"高山仰止，景行行止"，让我们也通过他们的打油来瞻望领略一番他们的风采和意趣：

（1）杨宪益·《自嘲》

少小欠风流，而今糟老头。

学成半瓶醋，诗打一缸油。

这是杨先生的一首自嘲诗，题在著名漫画家丁聪所画他的漫画像上。读来令人忍俊不禁，一位老者的大方潇洒，以及对打油的酷爱，尽显诗中。

（2）黄苗子·《看戏》

世事纷纷尽倒颠，西门不罪罪金莲。

三姑六婶多长舌，笑骂他人不自怜。

看戏的人是月旦人物，看看戏人的人，也是月旦人物。黄先生无疑是后者，他对世风的打油式调侃，可谓既通俗明白，生动浅显，又切中陋习，鞭辟入里。

(3) 启功·(自撰墓志铭)

中学生，副教授。博不精，专不透。名虽扬，实不够，高不成，低不就。瘫趋左，派曾右。面微圆，皮欠厚。妻已亡，并无后，丧犹新，病照旧。六十六，非不寿。八宝山，渐相凑。计平生，谥曰陋。身与名，一齐臭。

启功大师，以他国宝般的等级，却如此戏谑地打油贬损自己，实在让人大开眼界。而诗后半部分中的笑谈生死，则更显其超脱的精神境界，令人油然而生敬意。而这些又都说明，现在打油已不再被视为低俗，打油者是自得其乐，听打油者则其乐陶陶。

(4) 聂绀弩·《推磨》

百事输人我老牛，惟余转磨稍风流。

春雷隐隐全中国，玉雪霏霏一小楼。

把坏心事磨粉碎，到新天地作环游。

连朝齐步三千里，不在雷池更外头。

聂先生的杂文在文学批评界有"鲁迅第二"之称。他的旧体打油诗，则更被公认为上品。他堪称打油集大成者，一册《散宜生诗》，现今畅销于市，网上时现求购的帖子。"无端狂笑无端哭，三十万言三十年"，这两句贺胡风八十寿辰的诗，可谓血泪交迸，既是对胡风冤案形象而沉痛的表述，也是他自己辛酸、孤愤一生的真实写照。《推磨》一诗，则吟成于他北大荒劳动改造期间，表现的是他诙谐洒脱的一面，是他虽身陷逆境却依然笑对人生的乐观豁达的一面。著名学者程千帆曾称赞他的诗："敢于将人参肉桂、牛溲马勃一锅煮，初读使人感到滑稽，再读使人感到辛酸，三读使人感到振奋。"这正说明，打油也是可以表现沉重、沉痛而深刻的生活主题的。

综上所述，打油已成为我们现今交际语言中一种较常见的技巧手法，使用它已成为一种较普遍的现象。它庄谐并存，雅俗共赏，易于传播，效果上佳。因此，我们应当学习借鉴古代的打油，我们还应当学习借鉴现代的打油，我们更应当敢于并善于实践打油。我们相信，在正宗旧体诗酒宴阑珊，而舶来品朦胧诗又能解者寥寥的今天，打油诗将会获得更为广阔的发展空间，打油形式的语言交际将会更加生活化社会化。

八、显象

"并不是所有的词都能够与一定的表象相联系，词的这种表现形象功能上的差异，决定了它可以分为显象词和非显象词。"①我们前面说及的种种技巧，应当说许多都与"显象"相关联。这里，我们是从词语修辞的角度讨论问题，将言语交际中运用显象词的形象思维方式，及其方法和技巧，称之为"显象"。而论及显象之成功，则特别要注意以下几点。

（一）与语言环境相适应

使用显象手法，运用显象词进行修辞活动，应与语言环境相适应。言语交际能否依据语言环境选用显象词，是与它准确和得体与否密切相关的。

1996年亚特兰大夏季奥运会上，我国某省运动员在比赛中取得了好成绩，该省人民政府为此向中国代表团发了贺电。在后来的电视实况转播中，一解说员提及此背景材料时说道："前方记者在电话中告诉我们，运动员们在收到省政府贺电后，个个都感到一股热流传遍全身。"时值盛夏，荧屏上又是挥汗如雨的激烈争夺场面，哪里还吃得消"一股热流传遍全身"？闻此，味道实在不对。记者和解说员显然都忽略了语言环境，因而显象词"热流"运用不当，效果不佳。但是，如果上述事实不是发生在夏季，而是发生在冬季，比如是在冬奥会上，那"热流"就会显得情景交融，恰到好处了。

（二）概括范围与形象重叠

使用显象手法，还应当了解：同是显象词，其显象程度是不同的。反映同类事物的系列显象词，其显象程度或高或低，两极会有很大的差异。一般地说，概括范围越大的词，显象程度越低，反之则越高。比如，"人"，"原始人"，"现代中国人"；再如，"运动"，"田径运动"，"跨栏运动"，它们的概括范围都是依次变小，然而显象程度却越来越高。

继续分析上面的两个例子，还可以看出，系列显象词的概括范围之所以有大小之分，从根本上来讲是因为他们的意义分别处在不同的层次上，相互间有包含和被包含的关系。但从显象的角度看，其原因则又往往在于形象的重叠，即重叠显象词的缘故。"原始人"重叠了"原始"和"人"，"跨栏运动"重叠了"跨栏"和"运动"，所以它们分别比"人"和"运动"显象程度更高了。这在形象重叠言语中是屡见不鲜的，我们应当注意恰当地重叠名词、形容词等，以此来提高言语的显象程度。

---

① 刘伶.《语言学概要》.北京师范大学出版社1987年版，第333页。

（三）数量词的使用及其换算

"一般地说，任何实词都有其理性义和色彩义。理性义是与概念相联系的核心意义，而色彩义，则主要是指感情色彩和形象色彩。"①由此可知，数量词也应有其形象色彩，即使用数量词也可属显象手法。汉语成语中就有许多包含数量词的，比如"一发千钧"、"一刀两断"、"三头六臂"、"七嘴八舌"等，它们都具有显象的作用，给人们形象感，从而增强了表达效果。

不过，许多时候数量词的形象感会很微弱，这时候，我们则要注意通过换算，把原来的数量变成另一个数量，使形象感由微弱转为突出，达到显象的目的。例如："竞走选手平时的训练是十分艰苦的，年运动量要达到 1.5万公里，这就是说，选手们每年要在'哈尔滨—广州'间走两个来回。"此例当说到"1.5 万公里"时，只给人距离长的理性义，但缺乏现实感，较朦胧。但接着"两个来回"的换算，则富有形象感，显象程度高，其路程之远训练之苦令人咋舌！再如，"据统计，我国每年公款吃喝多达 3000 个亿，等于每年吃掉了几百座长江大桥，或者几十个三峡水库。"显然，这里的"换算"使数量生动丰富了起来，达到令人震撼的社会效果。

（四）多用并用好同义词

同义词包括等义词和近义词。注意运用某些显象词的同义词，也是显象手法的要义之一。特别是运用好动词性显象词的同义词，可精确反映事物的细微差别，不但避免了重复，而且能产生传神效果。比如，同样都是日常生活中的"看"，其表述却可"盯"可"瞧"，或"张"或"望"，"观""视"有别，"瞟""乜"不同——倘若穷尽其状，当不下几十种。再如，同样足球运动中的"踢"，其表述也多达 10 余种，有勾、铲、拨、挑、蹬、踏、颠、垫、蹭、挡、推、趟，等等。如果不运用这些同义词，那就不可能获得突出的显象效果，就不可能把足球运动的精彩之处表现出来。换言之，则正因为运用了这些"踢"的同义显象词，足球的魅力才能得到充分的展示。

总之，显象这一修辞技巧的成功，还得借助于显象同义词的积累和使用。离开了显象同义词，我们就无法固定并表现好客观生活中种种不断变化着的图像。

---

① 黄伯荣，廖序东.《现代汉语》.高等教育出版社 1997 年版，第 262 页。

第二节　逻辑思维技巧

逻辑有辩证逻辑和形式逻辑之分。我们这里说的是后者，是指关于思维形式的科学。所谓思维形式，其基本者有三种，即概念、判断和推理。而思维形式因其抽象的特质，又总是和语言形式联系在一起的，必须与语言形式相对应。一般说来，逻辑的概念由语言的词或词组表达，逻辑的判断由语言的句子构成，逻辑的推理则显现于语言的复句或句群之中。所以，研究语言言语的艺术，自然也必然关涉逻辑；探讨交际语言的艺术技巧，自然也必然包含思维的形式结构及其规律。

当然，我们这里不可能系统地全方位地研讨逻辑思维的问题。我们根据逻辑思维突出的论说辩驳功用，根据论辩语体中更多更注重运用逻辑思维的客观现象，拟从中选择、归纳出八种常用的具体技巧加以表述。它们是：胪列、类比、归谬、隐含判断、偷换概念、伸缩思维、打破思维定势、设置二难境地等。

一、胪列

胪列，就是将要表述的内容，按其不同性质或先后次序，明晰地编号并排列起来。这种方法，特别适合开会讨论、采访提问、谈判商榷等交际形式的需要。

让我们举一个某中学体育教师的例子。他在一节课上，教授原地单手肩上投篮技术，开始时是这样交代教学内容的："这节课有五个内容：①队列练习，②传球比赛，③做运球游戏，④学习原地单手肩上投篮，⑤复习放松舞。"而同样的内容，如果不采取胪列的方式，即使我们注意到言语的层次，其表述大致是这样的："在这一节课上，我们先进行队列练习，队列练习以后进行传球比赛，接下来我们再做一个运球游戏，然后学习原地单手肩上投篮，最后复习跳放松舞。"两相对照，前一种表述显然既简单又明确，也节省了时间。"1、2、3、4"地列举，节奏快，条理清，意义明白，便于听取。"比赛、游戏、跳舞"这些字眼，间隔短促，连续发出，对学生的刺激亦深，从而诱发了学生的学习兴趣。而后一种表述，则显然比较累赘、模糊，听起来实在有点不"爽"。

很明显，胪列之法做起来极其简便，而且十分有效。但是，据我们观察统计，各种场合的发言，人们能够有意识采用胪列之法的不足五成。换言之，即许多人并没有养成胪列表述的习惯，对胪列的需求还没有形成心理上的反射机制。事实说明，胪列之法并不难，但要做到"有意识"，却是学习者须长期注意才能达到的境界。

二、类比

类比是一种逻辑推理方法。这一方法根据两类事物某些属性相似，推出他们的其他属性也可能相似的结论。比如，荷兰物理学家惠更斯提出"光波"的概念，就运用了类比推理。他根据光和声这两类现象都是直线传播，都有反射、折射和干扰等系列相同性质，而声还有波动性质，于是获得了"光可能有波动性质"的结论。再如，现今我们说及我国改革开放中的环境污染、贫富悬殊、官员腐败等负面现象，常对照列举西方发达国家积累发展时期的同类事实，也正是为了推理出预想的同样繁荣富强的中国未来。

很显然，如此推理的过程，是由个别到个别的过程，和简单枚举归纳推理一样，也是或然性的。所以，我们在进行类比推理时，须努力把握两类事物的本质属性。除此以外，还须指出的是，论辩实际中，类比推理又是常常结合比喻修辞而运用的。如果我们注意到了这两点，那么类比的结论可靠性就高，论辩就会产生生动鲜明、切中肯綮的功效。否则，蒙于表面，不识假象，我们就会犯"机械类比"的错误。

（一）比喻类比

说及比喻性类比推理，不能不联想到古代哲人墨子。据研究，先秦诸子百家中，墨子是运用比喻类比最多最娴熟者之一。一部《墨子》，比喻类比之法堪称俯拾皆是。其著名的"非攻"理念，就是从"入人园圃，窃其桃李"，到"攘人犬豕鸡豚"，到"入人马厩，取人牛马"，一步步通过比喻类比推理出"攻国"的"大不义"的。至于《墨子·所染》篇中此法的运用，则便是脍炙人口：

> 子墨子见染丝而叹曰：染于苍则苍，染于黄则黄。所入者变，其色亦变；五入而已则为五色矣。故染不可不慎也。
>
> 非独染丝然也，国亦有染。……
>
> 非独国有染也，士亦有染。……
>
> 《诗》曰："必择所堪。"必谨所堪者，此之谓也。

墨子这里是以丝染了不同颜料其颜色也就跟着变化的现象进行比喻类推，从而形象地说明了环境可以改变人的道理。这个由"染丝"至"交友"的论说过程，是以染缸和环境在具有影响力这一点上有相似性为根据的。染缸里的颜料对所染丝的颜色具有决定性的作用，与染缸颜料具有相似性的人所处的环境，在影响浸染改变人的习性过程中，也往往起有决定性的作用。墨子的这一由比喻类推得出的"染缸"理论，对后世影响极为深广，所谓"入芝兰之室，久而自香；入鲍鱼之市，久而自臭"，"近朱者赤，近墨者黑"，以及现今俗语"社会是个大染缸"，"跟好人学好人，跟坏人学坏人"等，无疑均源于此。这也正说明了比喻性类比推理的无穷魅力！

墨子，作为"农与工肆之人"，作为手工业者阶层的代表，作为具有"摩顶放踵，利天下为之"精神的思想先驱，喜好用比喻类比之法是不奇怪的，因为此法浅显形象生动的特质十分突出，是老百姓所喜闻乐见的，具有很强的人民性和通俗性。现今人们为彰显发现重用人才的方略举措，常先从伯乐相马说起，为抨击弄虚作假的行为，又常先从南郭先生说起，就都也是比喻性类比的推理。

关于比喻类比，最后还要强调指出的是，此法乃汉语言传统文化的重要特色。较之以西方，他们的语言文化注重的是逻辑分析，只将此法作为逻辑分析的辅助手段，而我们则注重形象的整体统一的思维，即使是说服性论辩性很强的交际语体，我们亦多有比喻、类比，多用寓言、神话，论点、论据、论证往往熔为一炉，融为一体。这一点，本著前面相关各章节阐述中已多有涉及，我们现在则应进一步认识到，运用比喻类比，以喻代议，寓议于喻，是中国知识群体的传统追求。这正如王充《论衡》中所说："何以为辩？喻深以浅；何以为智？智难以易。"而正因为此，同为论述学习目的和重要性的文章，荀子的《劝学》通篇以喻说理，共用比喻20个，可英国培根的《论学习》，其篇幅是《劝学》的两倍，却只用了4个比喻。总之，我们应当努力继承这一优秀传统，继续追求下去。

（二）机械类比

所谓机械类比，是指进行类比推理时仅仅根据两类事物的某些表面现象，或者根据的只是假象。

请看下面的两则笑话：

1.时圆时缺

某人买了盒月饼，回家打开一看，发现有质量问题。于是找回商店问道："这块月饼怎么缺了一角？"售货员回答说："这有什么奇怪的，月亮不也是时圆时缺吗？"

售货员的回答显然是诡辩，真叫人好气又好笑。但如果你缺少逻辑知识，就很难一下指出其错误，很难说清楚售货员的错误实质——类比时根据的只是月饼和月亮"缺了一角"这一表面上的相似之处，并进而从月亮的盈亏（缺角）是自然合理现象，得出月饼的残次（缺角）也是自然合理现象的结论。

2. 大唱反调

"四人帮"垮台不久，某日一画家创作了一幅母鸡生蛋的画。"四人帮"的一个余党要审查。他接过画一看，说："文艺作品嘛，要紧紧地为当前的政治服务。一个母鸡生这么多蛋，不是跟国策计划生育唱反调吗？"画家听了，急白了脸，哭笑不得。

拿母鸡生蛋跟妇女生孩子类比，是十足的"机械类比"！妇女生孩子多，影响国计民生，是负面现象，而母鸡生蛋多，于国计民生有利，是正面现象，二者虽在"生"这一点上相似，但其"生得多"的本质属性却是完全不同的。所以，那位"四人帮"余党的类比推理，根据的也只是事物的表面现象。他的反动，决定了他的无知和愚蠢。当然，也不排除他是故意为之，但那就只剩下可恶了。这则笑话所引起的笑，是对"四人帮"余党的嘲笑和耻笑。

三、归谬

"归"者，回也，还也。"归谬"，即揭示谬误，还其谬误的本来面目，是一种间接证明的方法，常用于反驳的论辩过程中。

反驳论辩中，人们常会遇到这样的情形：对方的谬误言行，具有模糊性和隐蔽性，很难正面直接反驳，须采取迂回的策略，要有一个诱导的过程。那么，究竟如何迂回、诱导呢？有两种过程，一为从承认对方正确开始，一为从确立双方共识开始，两种过程还都常与类比手法结合使用。

（一）从承认对方正确开始

此法即先肯定对方的观点，然后沿着对方的逻辑将其观点推向极端，引出荒谬的结论，从而驳倒对方。这一技巧，不但会使反驳有力，而且还往往富有幽默感。

关于此法，有一则引用很广的笑话：一佛教徒当众宣传"轮回报应"，说："人不能杀生，今世杀了什么，来世就托生什么，杀猪的来世变猪，杀狗的来世变狗……"旁边有个人插话："照你这么说，大家就只有都杀人了！"众人大笑。插话者的归谬反驳，正是从承认那个佛教徒宣扬的"杀什么来世变什么"的观点开始的。和这笑话有异曲同工之妙的，还有鲁迅的一次笑谈。1934年，国民党政府北平市长袁良下令禁止男女同学、男女同泳。鲁迅先生听到此令后，对几个青年朋友说："男女不准同学、同泳，那男女一同呼吸，淆乱乾坤，岂非比同学、同泳更严重？袁良市长不如再下一道命令，今后男女出门，各带一个防毒面具。既免空气流通，又不抛头露面。这样，每个都是'诺诺'——"先生边说边比划，把头微微后仰，用手模拟着防毒面具的样子，逗得大家哈哈大笑。显然，鲁迅先生这里也使用了归谬法，也是"从承认对方正确开始的"。

再看一个世界拳王阿里的例子。阿里曾两次访华，在第二次，有记者问过他这样的问题："现在，世界上很多人都说拳击运动人打人，危险大，应当禁止。不知拳王有何看法？"阿里的回答是这样的：

> 很多人？据我所知，在美国只有很少一部分人，并且主要是白人，因为冠军几乎被黑人垄断了。要说一有危险就禁止，那应当禁止的东西就太多啦！美式足球，挤压，抱打，很危险，俗称"断骨头运动"，那首先要禁止。据统计，至少有 12 个项目同拳击一样危险，如体操、汽车、摩托车、击剑、足球、登山等，有的出现事故比例比拳击大得多，那就都要禁止。还有火车、汽车、飞机，危险更大，更要禁止，可那还成为世界吗？

看来，拳王不但拳头厉害，嘴巴也不饶人。我们认为，阿里的反驳是成功的，他运用的也是从承认对方正确开始的归谬法。你说有危险就要禁止，那好吧，足球危险，应当禁止！击剑危险，应当禁止！体操、登山危险，应当禁止！汽车、火车、飞机都危险，都应当禁止！这岂不是痴人说梦？真所谓"那还成为世界了吗？"

（二）从确立双方共识开始

此法自己先说一个双方认同的观点，或者诱使对方说出这一观点，而这一观点正与你要反驳的对方的某个观点根本矛盾，不可共真、共存，从而驳倒对方的那个观点。

我们在前面《远古的辉煌》一节中，曾具体分析了墨子为救宋国说服楚惠王的故事。当时，墨子用的就是此法，就是先让楚惠王针对有人"舍文轩，窃敝舆；舍锦绣，窃短褐；舍粱肉，窃糠糟"的现象，得出"必为有窃疾矣"的结论，然后联系到楚要"攻宋"，形成根本对立的矛盾，从而迫使楚惠王取消了攻宋的决定。而墨子在拜见楚惠王之前，先找的是公输盘，其时他已将这一从确立双方共识开始的归谬法用过一次。我们这里也来具体分析一下：

> 公输盘为楚造云梯之械，成，将以攻宋。子墨子闻之，起于齐，行十日十夜至于郢，见公输盘。公输盘曰："夫子何命焉为？"子墨子曰："北方有侮臣者，愿藉子杀之。"公输盘不说。子墨子曰："请献千金。"公输盘曰："吾义固不杀人。"子墨子起，再拜，曰："请说

之。吾从北方闻子为梯，将以攻宋。宋何罪之有？荆国有馀于地而
不足于民，杀所不足而争所有馀，不可谓智；宋无罪而攻之，不可
谓仁；知而不争，不可谓忠；争而不得，不可谓强；义不杀少而杀
众，不可谓知类。"公输盘服。

引文中关键的话有两句，一为"义固不杀人"，一为"义不杀少而杀众，
不可谓知类。"前者，即墨子诱使公输盘说出双方认同的观点，而此观点一与
"攻宋"联系起来，就站不住了，哪有大量杀人反比只杀一两个人称得上"义"
的事呢？面对由此产生的"义"与"不义"的尖锐矛盾，面对归谬后"不杀少而
杀众"的尴尬结论，公输盘自知理亏，不得不服。

（三）与类比手法结合使用

关于类比手法，我们在讨论归谬手法之前，已经说明了它由个别到个
别，从特殊到特殊，尤其是在具有比喻性的情况下，根据两类事物已知相似
属性推出其未知相似属性或阐发某种道理的功效。我们这里还想补充说明的
是，类比手法也常用于反驳论辩，也还具有驳斥对手的功效，如果与归谬手
法结合使用，那产生的功效会更大更强。前面所举归谬两种过程的例子，就
说明了这一点，不论是先承认对方正确的拳王阿里的话里，还是先确立双方
共识的哲人墨子的话里，就都含有绝妙的类比，一是关于运动项目的类比，
一是关于"窃疾"的类比。

相比较而言，归谬的两种过程，后一种要难一些。下面就再举一个从确
立双方共识开始，且又包含比喻类比手法的归谬实例：

古希腊哲学家苏格拉底的妻子是个悍妇，动辄大骂丈夫。有一
次，她大发雷霆，还当头泼了苏格拉底一盆脏水。苏格拉底无可奈
何，自嘲地说："雷鸣之后免不了一场大雨。"于是，有人借题发挥，
讥讽他说："你不是最有智慧的哲学家吗？怎么连老婆都挑不好，
看走了眼呢？"苏格拉底回答说：我们知道，善于驯马的人宁肯挑选
悍马、烈马作为自己训练的对象。若能控制悍马、烈马，其他的马
也就不在话下了。你们想，如果我能忍受她，控制她，还有什么人
不能忍受，不能控制呢？

说及找什么样的妻子，中外伟人中"走眼者"不乏其例。生活是复杂的，
感情则更充满了变数，苏格拉底本不以为耻，所以在被泼脏水后会以"雷鸣
之后免不了一场大雨"自嘲。但是，面对不友好的别有用心的讥讽，苏格拉
底却不能不反击。他的反击机智幽默，一无自遮其丑的痕迹。开头一句"我
们知道，善于驯马的人宁肯挑选悍马、烈马"，即确立了双方的共识，道出了

双方都会认同的观点。而其中的"驯马"是具有比喻性的,是类比"御妻"的手法。那么,你肯定"驯马"的道理,就应当肯定我的"御妻"。这也就是说,你的"看走了眼"的观点与此道理是矛盾的,是站不住脚的。苏格拉底就这样以自己的智慧战胜了对手的刁钻。

四、隐含判断

我们知道,逻辑的判断是由语言的句子表达的,但是这一对应关系却不能反过来说,并不是所有的句子都表达判断。再进一步,我们还应当认识到,有些句子虽不直接表达判断,可其中却可能隐含着某个判断。在交际中,能准确及时把握语言和逻辑上的这一现象,能认破消除或设置利用这一点,是很重要的。

(一)幽默的基础

幽默,前面章节中已多次说及,这里我们想再强调一下它作为语言形式的最基本的特性——曲折和含蓄。关于此,著名漫画家方成的理解很精辟,值得学习:"幽默是社会文化和语言的进步发展,人间关系复杂多变,才自然形成的一种语言形式,其特点是用曲折、含蓄方式表达,使人一思而悟,而不是直叙的。那是经过艺术加工的语言,是一种艺术语言,也是一种艺术方法,有美感的。这种语言可以用视觉形象表现,如漫画,也可用表演显示,如相声和喜剧等。艺术从来没有天生、不学而能的,幽默不例外。"①

下面我们就来学两则幽默:

1. 救爸爸

一个小女孩,当她第一次在电话里听到她父亲的声音时,竟大哭起来。母亲问到:"孩子,怎么了?"女孩抹者眼泪指着电话说:"妈妈,我们怎么才能把爸爸救出来呢?"

2. 等胡子

一天,有个调皮的七八岁大的男孩走进一家理发店,并学着大人的作派往椅子上一坐,说:"师傅,请给我刮刮胡子。"那师傅看了看他,在他脸上涂满了肥皂水,便跟别人闲聊去了。男孩不断催师傅,师傅总说"等一等"。男孩终于不耐烦了,叫了起来:"你等什么呀?"师傅答道:"我在等胡子呀!"

不难看出,这两则幽默,其基础就在于主人公的一些话语中隐含着判

① 见2006年3月25日《文汇报》。

断。而"隐含着判断",即所谓"曲折和含蓄"的表达。《救爸爸》里的小女孩问她妈妈"怎样才能把爸爸救出来",这句话里就隐含着她的一个判断——爸爸被关在电话里了。小女孩的错误判断里充满了童真,这正是生成幽默的逻辑基础。至于《等胡子》,其中小男孩说的"请给我刮刮胡子",是个祈使句,不直接表达判断,但隐含着"我已经长胡子了"的判断。而理发师傅对小男孩的这一假判断并没有采取通常呵斥的态度,而是高明地先拖延时间,最后还他以隐含着"你没长胡子"这一判断的"我等胡子"的回答。应当说,小男孩和理发师傅的隐含着判断的话语,都很逗趣,所以幽默油然而生。

(二)巧妙的暗示

暗示,在心理学上有一种"皮格马里翁效应"的说法,又称"罗森塔尔效应",意思是说通过期待暗示、名言暗示等手段,可能产生使病人不药而愈、使学生超常发展等效应。十多年前,美国出版过一本畅销书,叫《学校里的皮格马里翁》,写的就是这种效应。然而,无论是期待暗示还是名言暗示,从逻辑学的角度看,它们实质上都是"隐含判断"的过程。比如,一个田径教练对他的一个女学生说:"哇,你身材多好,腿多长,王军霞也就这样!"这是期待暗示,而暗示的内容即"你也能当世界冠军!"这一隐含判断。

如果这样看,那隐含判断的功用更不可小觑。不过,通常隐含判断与如此心理魔力并不相干,其暗示作用大都表现在一般人际沟通方面,可望产生"心有灵犀一点通"的功效。请看笑话《不解风情》:

> 苏珊女士有个胆怯的男友,名叫强生。强生很想亲近她,却又缺乏勇气。苏珊发觉他的弱点,一天晚上在花园里,想设法给他一个亲近自己的机会。苏珊说:"书上讲,一般男子的手臂的长度恰好是女子的腰围,你相信不相信?"强生马上答道:"你要不要我找一根绳子来比比看?"

在一般男青年那里,这可是个良机。但可怜的强生,他不但胆怯,而且缺少识别隐含判断的逻辑素养。苏珊的暗示是巧妙的,分明隐含着"你可以用手臂搂住我的腰",即"你可以亲近我"的判断,可不懂交际的强生就这样错过了。须指出,生活中类似强生的人是存在的。"心有灵犀一点通"是就交际双方而言的,男女双方的爱情交流,无疑也需要双方都具有人际交流的基本知识。不然,人家就要看笑话了。

(三)委婉的拒绝

拒绝,在人际交往中是常有的。因为,如果该拒绝的时候你不拒绝,你就可能失去原则,损害公德,甚至违法犯罪。然而,拒绝是有讲究的,是需要艺术的，否则你就可能人际关系紧张，遭受挥之不去的烦恼。喜剧大师卓别林曾劝告我们："学会说'不'吧，那你的生活将会美好得多！"那么我们究竟应当如何说"不"呢？一般地说，我们拒绝别人时，应当避免立刻、轻易、鄙夷、气愤等四种情状。换言之，即在时间上和态度上作宽松状，委婉地拒绝别人。而如何委婉，如何作宽松状，这里面又别有讲究，或承诺补偿，或微笑致歉，或借故回避，或幽默化解，都是很有效的。其中，"幽默化解"最为难得。知识教育界传布很广的启功拒访的字条——"熊猫病了，谢绝参观；如敲门窗，罚款壹圆"，无疑是一典型案例。与启功拒访字条的修辞技巧不同，我们这里要说的"隐含判断"是一种逻辑技巧，但它也具有幽默化解、委婉拒绝对方的功效。

请看笑话《称称你的儿子》：

> 一个妇女怒气冲冲地走进一家商店，责问售货员说："我儿子刚从你们这里买了一磅果酱，可是回家一称，竟少了有半磅！"售货员没有强辩，而是轻松地回答道："太太，请你回家去称称你的儿子吧！"那位妇女哑然失笑。

对售货员而言，问题的原因答案很简单，果酱是被天真淘气的买果酱的孩子偷吃掉了，但如何拒绝责难却不简单。她能以如此隐含判断的方式加以化解拒绝，既坚持了原则，又给对方留了面子，显得宽容大方，实在值得称道！而那位妇女，在明晓了其中儿子的童真、童稚、童趣之后，不禁"哑然失笑"，则又是隐含判断带来的幽默效果。

(四)问语的陷阱

形式逻辑里有复杂问语一说。什么是复杂问语呢？这也是一个由隐含判断引发生成的问题，人们称之为语言陷阱。它以问句的形式出现，但不是正当的问，而是蓄意让问句中隐含有对方不能接受的或为达到某种目的自己假定的事实判断，以致不论答话者做出肯定回答还是否定回答，其结果都将是上当受骗，授人以柄。

1. 警惕回答

比如，"你现在服兴奋剂吗？"这是个体育界极为敏感的问题，肯定不会有谁回答"服"。但你如果贸然回答"不服"，那你还是落入了陷阱，因为你承认了其中隐含的"你以前服用过兴奋剂"的判断。对于复杂问语，你必须全面地揭示实质性地加以回答，像这里就应该答以"我以前和现在都没有服过兴奋剂"，或者"我从来不服兴奋剂。"

再举秘鲁小说《金鱼》中的一段故事加以说明：

瓜达卢佩船船长拉巴杜要渔工霍苏埃合伙走私。霍苏埃不干，同船长发生争斗，船长失足落海，被鲨鱼吞食。船长的老婆向法院起诉霍苏埃谋杀拉巴杜。隔日，刑事法庭开始审判。"你对被害人拉巴杜是否早就怀恨在心？"庭长问。"拉巴杜不是被害人，因为这不是一起罪案。"霍苏埃纠正庭长的说法，"这是一件意外事故。""不得无礼。"庭长怒气冲冲，"你是被告人，不管是不是有罪，你只要回答是'是'还是'不是'就行了。""我从来没有想到是否怀恨在心，庭长先生。""这么说，你对拉巴杜先生不是早就怀恨在心的，是不是？""我已经说过了，我对任何人都不存在怀恨在心。""你的意思是说，你对其他任何人都不怀恨在心，而拉巴杜是你的老雇主，你对他可能早就怀恨在心了。请被告人明确回答'是'还是'不是'，'有'还是'没有'？快说！"霍苏埃气得一时说不出话来。"哈哈！你默认了。"庭长洋洋得意。"我再说一遍，我对任何人，包括拉巴杜先生，从来没有想到怀恨在心。"

这是一个典型的企图利用"复杂问语"进行"套供"的司法案例。那位庭长煞费苦心地不断变化问题，其实质都是在玩隐含判断的把戏，所以他一再要求渔工霍苏埃对问话简单地予以肯定或否定，而只要霍苏埃一回答"是"或"不是"，"有"或"没有"，那他就等于认同了"船长拉巴杜是被害者"和"我对船长霍苏埃怀恨在心"的隐含判断。如果那样，那在司法过程中对他就十分不利了。好在霍苏埃始终对此保持清醒的头脑，高度警惕地拒绝简单作答，坚持全面地揭示实质性地加以回答。

2. 为我所用

由此可见，交际中注意识别对方的复杂问语，注意避免落入论辩时对方可能设下的语言陷阱，是至关重要的。但这只是问题的一方面，问题的另一方面是，复杂问语，作为一种逻辑现象，作为一种交际语言艺术技巧，它又是可以"为我所用"的。关于此，一个传播很广的例子是——《华盛顿讨马》：

美国国父乔治·华盛顿，孩提时就聪颖过人。一天，他家走失了一匹马，但没过几日他外出玩耍时发现那匹马被拴在了人家的马厩里。华盛顿喊出那家人讨马。人家欺负他是个孩子，说："明明是我家马厩里的马，怎么说是你家的呢？"华盛顿晃了晃小脑袋，上前拉住马的缰绳，说："你知道这匹马的哪一只眼睛是瞎的？"拾到马的人家心想，不就两只眼睛嘛，蒙对了，小孩子家便没话说了，于是随口猜道："左眼"。华盛顿牵住马就往外拉，并说："这匹马两只眼都是好的。"拾到马的人家目瞪口呆。

大人上了小孩的当！原来，"这匹马的哪一只眼睛是瞎的"是个复杂的问语，隐含的判断"这匹马有一只眼睛是瞎的"是个圈套。拾到马的人家对马可能有的毛病自然弄不清楚，情急之下又对儿童华盛顿可能有的狡狯失去了警惕，心存侥幸，随便作答，那结果除了"目瞪口呆"还能有什么呢？

五、偷换概念

偷换概念的问题，是一个与逻辑学的最根本的规律——同一律紧密关联的问题。而所谓同一律，其内容是：在同一思维过程中，每一种思维形式都必须保持自身的一致。它要求我们说话作文时，在一定的语境中，要在一个确定的意义上使用某个概念或判断。偷换概念，就是在表述过程中前后使用的本应同一的某个概念不同一了，其本质特征发生了变化，内涵和外延都不一样了。而这样的变化和不一样，就产生的原因而言，又可分为若干类型。

（一）诡辩

明明不对，亦明知不对，但就是不承认，于是强词夺理，偷换概念，狡辩诡辩，这是最可恶的一种。前面《远古的辉煌》一节中说及的"不死之药"，就属于这一种，那位吃了药的卫士，就是故意如此，企图逃避刑法惩罚。下面再说一个现代的企图逃避道德谴责的例子。

义　演

甲（剧团领导）：我们全团昨天都去市文化宫参加了赈灾义演，你去哪里啦？

乙（大腕歌星）：我去希尔顿大酒店啦。

甲：哎，你不是说过参加义演很有意义吗？

乙：是呀，我也是去义演了。小姨子结婚，我在喜宴上连唱了七八首歌，没收一分钱啊！

甲：无可奈何……

乙：扬长而去……

这是一个真实的故事。在市场经济的作用下，在文艺界转制过程中，许多文艺团体对名演员已失去控制。照理说，小姨子结婚，请个假倒也合情合理。但是，像这样不顾公益还自我美化者，却应当受到道义道德的谴责。什么是"义演"？其概念内涵仅仅是"不要钱"的形式吗？为社会公众的不要钱和为亲属亲友的不要钱能够等同吗？这位大腕歌星，心里其实并非不明白，可偏要如此诡辩，如此混淆"义演"的概念，实在称得上是"最可恶"的。

不过，与前种隐含判断技巧中的复杂问语一样，偷换概念的"诡辩"也还有"为我所用"的情况。当其时，虽然从逻辑上讲，从"明知不对、强词夺理"上讲，道理是同样的，但并不"可恶"，相反还会令人深感痛快而佩服。例如，1927年初，鲁迅在厦门大学任教时，校长林文庆常克扣办学经费，刁难师生。一天，林又召集教授们开会，提出把图书资料经费削减一半，教授们纷纷反对。林阴阳怪气地说："关于这事，不能听你们的。学校的经费是有钱人拿出来的，只有有钱人才有发言权。"他刚说完，鲁迅先生站起身，从口袋里摸出两块银元，"啪"一声放在桌子上，说："我有钱，我也有发言权！"林一时竟无言以对，教授们同声称好。先生乘机力陈理由，驳得林目瞪口呆，只好收回主张。不难看出，鲁迅说的"有钱"与林说的"有钱"是完全不同的，他这里就是故意"诡辩"，故意混淆集合概念和非集合概念，即偷换了概念。

（二）搞笑

为搞笑而偷换概念，这也是交际语言中一个常见的现象。请看下面的几个例子：

1. 扬长避短

甲：咱们厂长讲起成绩没个完，对问题怎么一句也不说啊？

乙：这就叫做扬长避短嘛！

2. 带冷喝掉

有个酒鬼梦中得了一瓶美酒。他想把这酒温热了喝。当他正跑进厨房温酒时，梦忽然醒了。他非常懊悔，自言自语道："可惜刚才没有早点带冷喝掉。"

3. 不能提"九"

甲：听说你经常失眠，是吗？

乙：是的。

甲：那你睡觉时试着数数字，也许有用。

乙：我试过了，可一数到九，我无论如何也要爬起来。

甲：为什么？

乙：唉，一提"九"，我就想喝两口。

例1是故意将褒词贬用，"扬长避短"的原意是发扬长处，避开短处，而此概念在这里却被偷换了，代之以只讲优点，不讲缺点的"自我吹嘘"，从而达到了幽默讽刺的目的。至于例2和例3，讽刺的对象都是酒鬼，也都偷换了概念，但不同的是过程有所区别。一个是故意混淆梦境和现实，将梦中的酒偷换为真正的酒；一个是故意借助谐音，将数字"九"偷换为真正的酒。显然，这里面多有错乱和矫情，但正因为此才搞笑，才突显"酒迷心窍"。

（三）无知

产生偷换概念的常见原因，除了为了诡辩和搞笑之外，还有一种，那就是"无知"。此种原因和前二种原因的区别是，它不是故意的，它是由说话人某方面的无知造成的。它也有搞笑的效应，但它引发的笑是嘲笑和讪笑。生活中常有这样的笑声。相声小品中常有这样的噱头和包袱。

20 个世纪 80 年代，"文革"结束不久，全社会渴望学习，崇尚知识。而与此背景相呼应的是，通过各种媒介，社会上广泛流传开系列真真假假令人喷饭的因无知混淆概念的故事。比如，一小学生从书上读到了"老子"这个人物，便问他爸爸老子是谁，却不料当爸爸的大喝一声："呸！老子是谁都不知道。老子就是我呀！"再如，一男青年为谈对象，新配了金属架眼镜，颇有几分知识分子的风度。新认识的女友很带几分尊敬地问他："你知道达尔文吗？"他答以"当然知道"，语气十分自信，还补充说："我学过一年，比英文难学多啦！"十分明显，这两位深受"十年动乱"之害的年轻人，文化水平极为低下，以至不知世界名人老子与达尔文，一个自以为是，却只了解"老子"指父亲的含义，一个冒充斯文，却只了解"文"指语言的含义，都犯了贻笑大方的偷换概念的错误。

六、伸缩思维

"语言是思想的直接显示"，语言与思维是不可分割的。言语交际，不但需要思维，而且需要敏捷灵活的思维。试想，交际之时，大脑既要接受对方的言语信息，又要搜寻与其对应的材料，还必须对接受和搜寻到的信息与材料进行筛选，这一系列过程都要在短暂的交际问答间隙内完成，没有敏捷灵活的思维能行吗？

那么，有没有什么促进思维敏捷灵活的技巧呢？回答是肯定的。进一步说，注意伸缩思维，即根据交际的具体情况，或者伸展思维，或者减缩思维，都是十分有效的。

请看下面的三则体育明星轶事：

（一）减缩法·科马内奇的训练态度

一次，罗马尼亚世界体操明星科马内奇访问了上海的一所体校，并进行了表演。临走时，一群小运动员围住她问："科马内奇大姐，我们一比赛就紧张，你为什么总是一点都不紧张呢？"小朋友提了个大问题。我们知道，造成紧张的因素是多方面的，患得患失的心理，激烈争夺的气氛，裁判观众的出格行为，以及自己缺少过硬本领，都会造成紧张。怎么回答呢？科马内奇仅以一点作答："在一次具体比赛和奥运会比赛之间，不应当有什么不同，我把每次训练都看成是正式的比赛。"科马内奇无疑是懂得造成紧张的种种因素及其克服途径的，但她没有一一思索，多方考虑，而只选择了"认真训练，掌握过硬本领"这一条，这就是我们所说的"减缩思维"。

交际中，我们回答问题时，常常需要运用减缩法，因为对方的问题往往都不是单一的原因单一的答案，如果你顺其问题面面俱到地去思考，仓促间很难做到完全周密，甚至什么也说不清楚。而通常人们对交际中的应答问题和写文章论述问题的要求是不一样的，人们更注意闪光的"点"，所以如果你删繁就简，只选择你感触最深的一二点来回答，效果反而会好，给人的印象反而会深。

（二）扩展法·欧文斯与希特勒的较量

第十一届奥林匹克运动会，在希特勒统治下的纳粹德国举行。其间，美国黑人田径巨星欧文斯三次打破世界记录，取得四项冠军。但鼓吹"雅利安主义"，诬蔑犹太人、黑人等人种为下等人的希特勒作为东道主，每当欧文斯领奖时，总是愤然退席，并说："我是不会去握他的手的。"后来，有人问起欧文斯当时的感受如何，他回答说："这对我没什么，我还是冠军，我当时只是感到，我正和世界的小丑进行对抗赛。"

欧文斯的回答是很机智的，显然十分成功，具有振奋人心的力量。而究其成功的根本原因，则在于他由此及彼的巧妙联想，他把运动竞技和正义与邪恶的较量联系了起来。注重联想，着意联想，每当涉及一事，习惯于想想与其有关的事，思维就会敏捷灵活起来，这就是我们所说的"扩展法"。

（三）背反法·罗西的化沉重为轻松

"背反法"，即从事物相对或相反的方面来思考。美与丑，贫与富，乐与悲，团结与分裂，文明与野蛮，克己奉公与假公济私……大千世界，光怪陆离，相对相反的现象是数不胜数的。遇有提问，我们如能自然地这样一正一反地想想，思路肯定会活跃，肯定会打开，而不会拘于一隅，变通不得。这种方法，实质上也是扩展法，但又不同于那种横向或竖向的联想。它具有独特的性质，掌握与运用比较容易，而由此产生的思维、语言效果也更佳。

意大利球星罗西，曾因参与一宗足球赌博案，被处以罚款并停赛二年。这样的丑闻无论降落到谁的身上，都将是一块不容揭示的疮疤，可猎奇的记者却对罗西穷追不舍，偏要他谈谈此处罚的作用和他自己的认识。罗西被逼不过，回答说："我妻子是惟一能从处罚中得到好处的人。我们刚结婚，可以度蜜月啦！"罗西由坏及好，化沉重为轻松，正是背反的思维救了他，解脱了他。

思维是人脑对客观事物间接概括的反映过程。我们所说的减缩法、扩展法和背反法，归结到一点，正是遵循思维所固有的间接性和概括性而总结出来的帮助人们修正或改变思维角度的方法技巧。这三种方法技巧的娴熟运用，可保证我们更好地运用上述其他方法技巧，使交际应答进入豁然开朗、柳暗花明的境界。

七、打破思维定式

请你先解一解下面两个题目：

A.给你一个"1"，一个"2"，一个"3"，你能组成的最大数是多少？

B.一男一女两位大学同学毕业后有半年未见面了。某日傍晚，在一林荫大道相遇，寒暄几句之后，男同学似乎鼓足了勇气，对女同学说："我要对你说3个字——"女同学见势连退三步，满脸绯红——男同学要说的可能是哪三个字？

这样的题目，初中生可以做，博士生也可以做，而且正确率还不一定是博士生高。其原因是，能否答对这样的题目，答对题目需要多长的时间，与你知识水平高低并无大的关系，而在于你思维定势的强弱。所谓思维定势，就是人们所习惯的或者是认定不变的思维方向和方式。不能打破思维定势，变换思维的方向方式，学问再大，往往也解答不出很简单的问题。

据报载，上世纪初美国建造了世界第一部室外电梯，而它的发明者却是一位清洁工人。当工程师们根据需要几经勘察，带领施工人员要在那位清洁工人所服务的写字楼里凿墙穿洞，建造第二部电梯时，他看到后大不以为然，很不理解地问道："这第二部电梯为什么一定也要建在楼内呢？建在楼外面不好吗？"工程师们这才恍然大悟！工程师们的知识水平肯定要比这清洁工人高得多，但他们思考设计的方向始终在大楼内，没能突破长期设计实践形成的习惯和框框，即被思维的定势限制住了。而清洁工人则没有这样的框框和定势，所以他马上发现了将电梯建在大楼外的便利与经济。上面的两道问题如何解，和这电梯的设计一样，关键也在于能否打破思维定势。

A题，顺着通常的排列方式去想，能组成的最大数是"321"，而不可能想到"2^{31}"。这个题目还很容易让人想起德国数学家高斯 10 岁时的一个故事。一天，老师出了一道难题——"$1+2+3+\cdots\cdots+100=?$"，要求迅速回答，不得用笔计算，而高斯竟在 10 秒钟内就给出了"5050"的正确答案。不用说，高斯从小就是个善于打破思维定势的天才。

B 题，一对少男少女，见面时男的要鼓足勇气才敢说出口的三个字，而女方的反映是又后退又脸红，那还能是什么？如此习惯性的固定分析模式导致的答案，除了"我爱你"，那就是"我恨你"。二者以外还有没有其他答案呢？如果你不能变换上述分析模式，那你就不能给出第三个答案——"还我钱！"或者其他什么答案。

由此可知，打破思维定势，实在是人们交际中的一个既很特别又很重要的问题。解决好这个问题，对于获得好的言语交际效果，特别是在面试、访谈、辩论等情况下的成功应对，具有决定性的意义。那么，思维定势又有哪些具体情况呢？学界通常根据形成途径或媒介的不同，将思维定势分为经验定势、权威定势、从众定势和书本定势等四种类型。

（一）经验定势

这是一种最为普通的思维定势。囿于经验定势，即习惯于根据以往生活和工作的经验进行思维。这里首先须指出，经验是我们工作和生活的重要资本，凭借它可以帮助我们迅速有效地处理常见问题，免去许多从头开始的投入，所以要注意积累运用它。但经验又的确会束缚我们的思维，成为我们创新变革的桎梏，对处理应对不常见的具有特殊性质的问题，往往会产生很大的负作用。比如，前面所举第一部室外电梯的建造，就是一个典型案例。

再举一个更贴近生活和交际的例子。某梳子公司招聘推销员，很多人去应聘。但公司却出了一道难题，要求应聘者首先去市郊的一所庙里向和尚推销梳子，只有推销成功者才能得到一份高收入的工作。结果，大多数应聘者都退了出来，只有三个人愿意试一试。所以会如此，显然是因为"只能向蓄发群体推销梳子"，或者说"光头和尚不会购买梳子"的思维定势起了作用，使得大多数应聘者认定，向削发的和尚推销梳子是徒劳的。而那三位愿意试一试的，则打破了这一思维定势。其中一位去到庙里，找到主持，是这样说的："贵庙香火很盛。但来此上香的香客，一路风尘仆仆，头发也都被吹乱了。如果您在山门里设两面镜子，并奉送每位香客一把镌有贵庙大名的梳子，让香客们既能在上香前整一整仪表，以示对佛祖的虔诚，又能另有所得，将梳子留做纪念，这样岂不两全其美，广受欢迎，香火更旺？"此番话说得真正别出心裁，别开生面！主持被深深说动，当下签订了 10000 把梳子的购货合同。这又正说明，交际中问题之难，往往难在思维方向上。一旦打破了思维定势，我们就可能柳暗花明，豁然开朗。

（二）权威定势

自人类社会产生以来，人们就生活在有权威的世界里。从政治领域，到科技领域，到日常生活领域，可谓权威无处不在，无时没有。所谓权威定势，就是以权威的思想观点作为自己的思想观点，以权威的思维方式方法作为自己的思维方式方法。

权威与权威定势是不能一概反对的，因为大到社会发展历史进步，小到居家立业过日子，都需要权威与权威定势。比如，为了生命财产的安全，让孩子们心目中建立起"不得玩火"、"不得下水"的权威定势就是必要的。但权威与权威定势给社会家庭带来的负面效应，又往往是十分惊人的。比如在政治上，我国自古以来就有很多权威，开始是三皇五帝，后来是孔孟之道，再后来是言必称"马列"。到20个世纪六七十年代，更出现了"句句是真理，一句顶一万句"的"最高指示"。所有这些，使得我们头脑中的权威定势代代相传，日益牢固，以至个人崇拜、迷信、神化盛行，几亿人的思维都被"绝对权威"代替了。这反映到交际语言上，则表现为大话、空话、假话泛滥，失却了个性，失却了真诚，失却了艺术。

政治上如此，科学上亦如此。据报载，英国大哲学家罗素曾来到中国讲哲学。他向听讲的数百名中国社会科学工作者提出了一个问题：$2+2=$？中国学者们面面相觑，竟无人作答。罗素只好自己作答：$2+2=4$嘛！全场愕然。何以如此？就因为罗素是个大权威！罗素和中国学者们开了个小玩笑，却为打破权威定势的逻辑教学又增添了一个鲜活的案例。由此可知，不注意打破权威定势，即使满腹学识，也有可能连话都说不出来。

与经验定势、权威定势一样，从众定势和书本定势也是须注意打破的。但此二者和前二者的道理是相同的，而且，着眼于分类的标准，我们还觉得：此二者与权威定势是属种关系，所谓从众定势，即把众人看作权威；所谓书本定势，即把书本看作权威。因而，将此二者划分为权威定势的两个分支，其逻辑关系似乎更为正确。鉴于此，我们这里对此二者不再作具体阐述。

八、设置二难境地

"二难"，即左右为难。设置二难境地，即让交际对方陷入左右为难之中。这也是人们论辩时的常用手法之一，其过程逻辑上称作二难推理，又叫假言选言推理。

（一）二难推理的过程

比如，在西方，关于"上帝是不是万能的"的论战，反方就是靠一个二难推理战胜了正方。反方提出了这样的问题："上帝能不能制造出一块他自己也举不起来的石头？"正方立刻陷入了二难的境地，进退维谷，既不能说能，又不能说不能，因为：

> 如果上帝能制造出一块他自己也举不起来的石头，那么他不是万能的，因为他有一块石头举不起来，如果上帝不能制造出一块他自己也举不起来的石头，那么他不是万能的，因为他有一块石头造不出来；上帝或者能制造出或者不能制造出这块石头；总之，上帝不是万能的。

以上就是反方问题所包含的二难推理的全过程。它先由两个假言判断构成具有两种可能性的大前提，再用一个关于两种可能性的选言判断充当小前提，最后则必然得出两难下的对方不能接受的结论。

（二）二难前提是真实

二难推理，与其他推理一样，也有正确与否的问题。而要保证一个二难推理正确，除了遵守相关的假言推理和选言推理的形式规则，还有一个关键之处，那就是假言和选言的前提必须真实。这真实，即假言前提的前件必须是后件的充分条件，选言前提的肢判断必须穷尽一切可能。请看下面的两个例子：

1. 文成公主的婚嫁条件

唐时贞观年间文成公主远嫁吐蕃王松赞干布的和亲佳话，历代在汉藏民间播扬不息。传说中有一饶有趣味的情节，说文成公主为了考考松赞干布的才智学识，于成婚前提出一个条件——要想结婚，必须问一个能够难倒她的与汉文化相关的问题。松赞干布不愧为一方魁首，稍作思忖，便缓缓答道："尊敬的公主，我要问一个什么样的与汉文化相关的问题才能难住您呢？"文成公主闻言灿烂地笑了。松赞干布的应答所以成功，也正是因为他的问题中包含着一个二难推理：

> 如果你能告诉我这个问题，那我就拿这个问题问你，
> 如果你不能告诉我这个问题，那我的问题就难倒了你；
> 你或者能告诉我这个问题，或者不能告诉我这个问题；
> 总之我难倒了你，你得嫁给我。

2. 土匪栾平的自掘坟穴

"智取威虎山"是著名现代小说《林海雪原》中最为精彩的篇章。其中，

"智杀栾平"一节则又堪称最精彩最闪亮之处，打入匪巢的英雄杨子荣的形象至此已臻完美。文中写道，可恶的土匪栾平狗急跳墙，指称杨子荣是"共军"，而杨子荣智勇双全，机警超人，待众匪骚动平静后旋即反问："好，你说我是共军，我就是共军，那你说说我这个共军的来历，你怎么认识我这个共军的？"杨子荣了解众匪都明白匪首座山雕最痛恨被共军俘虏过的人，于是胸有成竹地以此问题置栾平于二难境地，使其面对自掘的坟穴：

　　　　如果你也是共军，那你会认识我这个共军；

　　　　如果你被共军俘虏过，那你会认识我这个共军；

　　　　你或者也是共军，或者被共军俘虏过；

　　　　总之，你说我是共军，那你只有死路一条。

　　分析上面 2 例二难推理，可知它们的前提都是真实的。例 1，前件"能"或"不能""告诉我这个问题"，相对于各自的后件"拿这个问题问你"和"我的问题就难倒了你"，显然都达到了"充分"的要求；例 2，作为"你会认识我这个共军"的结果，有"你也是共军"或者"你被共军俘虏过"的条件，显然也都足够了。这是大前提假言判断的真实情况。至于小前提选言判断，例 1 就"告诉我这个问题"而言，文成公主要么"能"，要么"不能"，绝无第二种情况；例 2 就土匪栾平"认识我这个共军"而言，在那林海雪原、深山老林的特殊背景下，"也是共军"和"被共军俘虏过"应可被视为所有的原因。这就是说，两个例子的选言前提的肢判断均穷尽了一切可能，因而也都是真实的。

后 记

美国当地时间 2006 年 8 月 13 日午夜零时 30 分，我在电脑键盘上敲下了新著《交际语言艺术》书稿的最后一个句号。起身走出户外，周围万籁俱寂，蛙鸣阵阵。举首遥望远方山冈上明灭可见的灯塔，于红绿彩光闪烁中，不禁浮想联翩，感慨顿生……

我是 6 月初偕妻子从上海飞越大洋来美国看望留学的女儿女婿的。他们留学的学校是美国西部的一所理工学院，地处新墨西哥州索克罗镇。休息一周后，前 20 天，我们一家人先入旅游团队游览了美国东部的各大城市，后又自己驾车沿西部黄金海岸观光。剩下的一个多月，每日下午我便去孩子学校的图书馆访问中文网站，检索核实写作资料，晚间则临窗"开机"，挑灯"击键"，进入我的专注、亢奋、持久的笔耕世界。

这一个多月，其工作效率之高，实在是我所从未经历过的。我在国内南京的家早先虽说是省级机关宿舍，可外部环境较差，白天汽车轰鸣声、小贩叫卖声不绝于耳，深夜时分也常有玩麻将者大声喧哗，而清晨则总是准时响起录音机为练功做操播放的乐曲。本书我业余坚持写了两年，来美前初稿共有 11.7 万余字。可这一个多月，我不但仔细修订完初稿，而且增写了 3 万余字。所以，我很感谢我的女儿杨柳和女婿周佳，是他们使我有了美国之行，给我创造了一个静谧而高效的写作环境。我因此奢想——如果每年都能来这里工作一两个月，那该多好！

说及感谢，我当然更要感谢南京大学地球科学系的徐士进博导，更要感谢中南大学出版社编辑部的刘辉主任和彭亚非编辑。徐博导在教学之外，还兼任国家数字科技馆的首席科学家，是个风度儒雅的学者。我撰写本书的动机，就是在他跟我议论现今高校学生的人文素质时萌发的。他还欣然应邀为本书写了序言，对我多有褒奖与勉励。刘辉主任和彭亚非编辑，是两位大方聪慧、不让须眉的女性。她们认真负责地审读书稿，从体例的选择，到内容的增补，乃至封面的设计，都提出了中肯宝贵的意见。这份敬业之心和对作者作品的关爱之情，都给我留下了极深刻的印象，令我感动不已。

"老妻画纸为棋局，稚子敲针作钓钩。"（唐·杜甫·《江村》）最后，我还要感谢我的妻子杨秋玲。我的家庭自然难比诗圣杜甫在成都草堂时期家庭的温馨和谐，我的妻子亦自然不匹杜甫妻子的文雅贤淑，但是一个妻子对于维系一个家庭，对于形成以利于丈夫事业发展家庭氛围的重要性的道理，是相同的。两年来，她识大体，任劳怨，一如既往地承担了全部家务，还帮我收集复印资料，所作奉献实在也是本书得以问世的一个不可或缺的因素。

王惠生

2006 年仲夏谨识于美国新墨西哥州索克罗镇

图书在版编目(CIP)数据

交际语言艺术/王惠生著.—长沙:中南大学出版社,2006.12
ISBN 978 - 7 - 81105 - 474 - 3

Ⅰ.交... Ⅱ.王... Ⅲ.人间交往 - 语言艺术 Ⅳ.C912.1

中国版本图书馆 CIP 数据核字(2006)第 142283 号

交际语言艺术

(第2版)

王惠生 著

□**责任编辑** 彭亚非
□**责任印制** 易建国
□**出版发行** 中南大学出版社

　　　　　社址:长沙市麓山南路　　　邮编:410083
　　　　　发行科电话:0731 - 88876770　　传真:0731 - 88710482
□**印　　装** 长沙印通印刷有限公司

□**开　本** 730×960　1/16 □**印张** 9.75 □**字数** 168 千字
□**版　次** 2012 年 7 月第 2 版　□2019 年 7 月第 3 次印刷
□**书　号** ISBN 978 - 7 - 81105 - 474 - 3
□**定　价** 29.00 元